# 仕事論

藤村忠寿　嬉野雅道

朝日文庫

本書は二〇一九年二月、総合法令出版より刊行されたものです。
本文中の情報は刊行当時に合わせております。

# まえがき

60年あまりの日本のテレビ史の中で、北海道テレビ制作の「水曜どうでしょう」という番組は、ローカル局のバラエティ番組として、初めて日本中で大ヒットした番組であろうと思います。

番組がスタートした1996年当時、大学生だった大泉洋（おおいずみよう）はいま、日本を代表する俳優になりました。番組のDVDは、これまで450万枚以上を売り上げ、その総売上額は200億円近くに上ります。

ローカル局制作のバラエティ番組が、これほどまでにヒットした要因はどこにあるのか？

そこには様々な分析もされていますが、本書は番組の制作者である僕（藤村忠寿（ふじむらただひさ））と嬉野雅道（うれしのまさみち）の、「仕事に対する考え方」を、インタビューから書き起こしたものです。

日本中で日々、仕事に邁進(まいしん)しているサラリーマンに、少しでも刺激になれば幸いです。

北海道テレビ放送コンテンツ事業局
クリエイティブフェローエグゼクティブディレクター
「水曜どうでしょう」チーフディレクター
藤村忠寿

# 目次

## 第3章　〝面白い〟の条件



## 第4章　仕事をするのは「自分」

# 仕事論

# 第1章　「会社」とは何かを考える

# 人は組織の中でしか生きられない

## 会社員からフリーになるという順番

**藤村**　みんな、普段からいろんな不満を抱えながら仕事をしていると思います。そのほとんどは、会社に対するものでしょう。給料が安い、やりたいことができない、人間関係が面倒くさい。言い出したらキリがないと思います。

それと同時に、最近は「組織に依存せずに自分の力で生きていこう」みたいなこともよく言われます。ひとつの会社でずっと勤めていくのは難しくなっているし、個人の可能性も広がってきたということですね。

それでフリーを目指したり、起業しようとしたりする人もいます。でも、僕は**組**

**織を離れて生きていくのは、デメリットのほうが大きい**と思います。「会社」というもののそもそもの成り立ちを考えてみると、それがよくわかるんです。

動物はだいたい群れで生活します。「百獣の王」っていわれるライオンでさえ、一匹だけで生活しているわけじゃない。それは人間だって同じです。本来真っ裸だし、大きな爪もするどい牙も持っていない。決してひとりじゃ生きていけないんです。

人間の言語が発達したのは、自分の考えていることを他人に伝えなきゃいけないからです。「お前は左から追い込め」「お前は右で待ち伏せしろ」って言いながら、みんなで狩りをしていた。農業だってコミュニケーションは必須です。

つまり、人間はもともと組織で生活する生き物だったし、そのための能力も高まっていった。そうしてだんだんと社会が発展していく中で、人が所属する組織はみんなで利益を追求する「会社」に変わりました。そう考えてみれば、会社の中で働くのは当たり前のことで、個人として生きることのほうが間違いのように思えてきます。

もちろん、フリーが間違っていると言いたいわけではなくて、しっかりとやっていける人もいます。ただ、みんな同じようにできればいいのかもしれないけど、やっぱりひとりでやっていける人は特別です。誰もが真似できることじゃないっていうのは、みんな気付いているんじゃないでしょうか。**「フリーでやっている」「組織に依存していない」っていう人が格好良く見えるのは、本来の形ではない**からです。みんなそれに憧れてしまっているだけなんじゃないかな。

それに、フリーでやっている人たちが「ひとり」でやっているのかっていうと、決してそんなことはありません。会社という組織ではなくても、この社会で仕事をする以上、絶対に誰かと協力しながらやっているはずです。結局、ひとりで生きている人間なんていないわけです。であれば当然、そこにも会社員と同じような不満があるはずです。

まず組織ありきで考えるというところからスタートしないと、組織を離れた瞬間に道を外してしまう危険もあるんです。

**嬉野**　私は札幌に引っ越して北海道テレビで仕事をするようになるまで、東京でフリーの映像ディレクターとして働いていました。いま振り返ると、フリーになるために誰の許可も必要ありませんでした。自分で「フリーです」と宣言すればいい。あとは仕事が入ればいいのです。

もちろんこれは私の場合の話です。当時、日本経済はいわゆる「バブル期」で、大した経験がなくても仕事は次々に入ってきました。仕事は仕事をしながら覚えていくようなものでした。ひとつの現場が終わると知り合いが増え、それに比例して依頼元も増えていきました。

でも私は、組織の中で基礎的なことを教わりもしないから、仕事の本質を知らずにいました。相手先から「君でもやれる」「君にもできる」と言われて、経験もなく「そんなものか」とやるものだから、手痛い失敗もしました。

その結果、多くの人に迷惑を掛け、それは私の精神的痛手にもなりましたが、そんな失敗もまた経験でした。自分が犯した失敗を「誰のせいでもない。責任は自分にあったのだ」と自覚できれば、失敗は得難い経験になりました。

でもその自覚に至らず**「失敗は自分のせいではない」と自分をかばえば、自分がどこで失敗したか、何を失敗したのかにたどり着けない**のです。そして、そこにたどり着かない限り、必ず次も同じ失敗をしでかすのです。

経験の浅い身でも「この時間内でやれと言われたが、これだけの時間では依頼された仕事を遂行できないのでは？」とは思うのです。でも、自分より経験のありそうに思える目上の人に「やれそうになくても、それをやるのがお前の仕事だ！」と強く言われると、「そんなものか」と準備もなく本番に臨んでしまうのです。「この時間内でやれるのだろうか」というような**イメージトレーニングもできないままに本番に臨んでしまうというのが、経験のないことの証拠**だと思います。案の定失敗しますが、「やれと言われたからやったまでだ」と、失敗したことを「自分のせいじゃない」と思いたがるのです。仕事を依頼した人のせいにしてしまうのです。

仮にその人が間違ったことを私に言ったのなら、「お言葉ですが、その時間内ではできませんよ」と断るのも私の仕事のうちだったはずなのです。それをしなかったのは自分が未熟だったからです。「あなたは間違っている」と、断る自信が持てなかったのです。できないのにできるフリをしたのです。

自分を実際より大きく見せることはないのです。自分はどこまで行こうと自分なのですから。それに、いまはわからなくても、いまはできなくても、やがてわかるようになれば、やがてできるようになればいいのです。だからいまは、わからないのなら「わからない」と、自分の実力を周囲に明かして仕事を覚えようとすればいい。**他人の目に自分の実力を晒しながら仕事を覚えていく**。若いうちはこれでいいのではないでしょうか。

私の場合、誰の裁可も得ずになってしまったフリーという立場でしたが、後年、ある本を読んで、フリーというものの本来の意味を知りました。

その本は日本映画に関するものでした。1950年代まで、日本映画界は好況でものすごくお金があったのです。いまでこそ映画を作るスタッフは、プロデューサーだけ会社に属していて、ほかのスタッフは全員フリーというのが一般的ですが、その頃は映画界に莫大にお金がありましたから、映画を作るスタッフは全員、映画会社の社員でした。俳優も映画会社の専属社員です。通行人などのエキストラを演じるのも、いまなら一般の素人さんにお願いするところですが、当時は「大部屋俳優」と呼ばれるれっきとした俳優さんたちが演じていて、その人たちも映画会社の社員だったのです。そんな大所帯を抱えることができるほど、当時の日本映画界は活況を呈(てい)していたわけです。

そんな時代に映画監督を目指す若者は、まず大学を卒業して映画会社に入り、入社して助監督になれたら、そこですでに映画会社の中では幹部候補生として扱われたそうです。そして会社の中で、いろいろな監督について撮影現場を経験しながら仕事を覚えていきました。

そうした若者が、その後どういう順序を経て、映画監督として一本立ちしたかというと、第一線で活躍する先輩の監督たちが、「そろそろあいつに1本撮らせてみよう」と才能を認めたら、会社に監督として承認されたのだそうです。「こいつは間違いなく商品になる映画を作る」と、先輩監督たちが揃って承認する。その瞬間、その人は会社の社員を辞めて、映画会社と作品契約をするフリーランスの身分となったそうです。つまり、第一線で活躍する監督だけが、社員ではなくフリーだったのです。

かつて日本社会がきちんと人間を育てるだけの余裕があった時代、フリーになるには、**「こいつは個人で世間に出しても商品になる」と識者たちが太鼓判を押してくれることが前提条件**だったということです。会社のしがらみから逃れたくて、自分でフリーになろうと判断するのとは大違いで、私は「なるほど」と思いました。

客観的に実力が測られた上で、独立するということです。それまでは会社の中でやりたくないこともやって、仕事だけでなく、人間というものの面倒くささも含めていろいろと勉強するという段階がきっとあったはずです。

でもいまの組織の中には、「あなたはもう、ひとりでも大丈夫」と言ってくれるシステムはありません。一人前になった人材を社会に羽ばたかせてあげようという気概を持った会社も、ほとんどないでしょう。いまの社会では、そうした「人を育てる順番」みたいなものがすでに崩れてしまっています。

私は札幌に引っ越して、フリーからサラリーマンの身分に変わって、やっぱり組織にいることに安心感を覚えます。面倒くさい人間関係が煩わしいときもありますが、反対にフリーはいつもひとりです。サラリーマンとして組織に属していると、会社で無駄話をできる人間がたくさんいる。それも、私のような呑気な人間には得難いことなのです。

## 会社への文句は夫婦の愚痴と同じ

**藤村**　どんな動物だって、生きていくためには、どこかで親から離れなきゃいけません。その独立心を養うために、人間には反抗期があったりもするわけです。「巣立ちたい」っていう気持ちは本能的なものでもあるけど、そのときに勘違いが生まれてしまうことがあります。親から独立しようという気持ちが行き過ぎて、「誰にも頼ってはいけない」「俺はひとりで生きていける」と思ってしまう。

親元を離れて誰と一緒に生きていくのか。単純に言えばパートナーですね。もうその時点で「組織」なわけです。もし、子どもが生まれたら人数も増えていく。**独立するということは、それまでとは違う組織に移るというだけのこと**で、ひとりで生きていくということじゃありません。

どんなに好きな相手でも、一緒に暮らしていたら、「食器の置く位置が違う」「洗濯物の干し方が雑」みたいな小さな不満は絶対出てきます。だからって、いきなり「離婚だ！」とはならないですよね。どうやって折り合いを付けていくかというだけの話です。

会社もそれと同じです。組織には必ず不満や不足があります。それで辞めちゃってもしょうがない。みんなそれぞれ何かしらの不満と折り合いを付けながらやっています。やりたくないけどやらなきゃいけないことがあるんです。そこで「独立できる」と思っていると、「なんで俺がこんなことをやらなきゃいけないんだ」「俺はもっとすごいことをできるんだ」と考えてしまう。そして言うんです。「俺のやりたいことは会社じゃできないな」って。

夫婦で考えれば、無意味なルールも、やりたくないけどやらなきゃいけないこともたくさんあります。**「こんな仕事したくない」なんて言っているのは、「なんで俺がゴミを出さなきゃいけないんだ！」って言っているのと同じ。**「この会社は嫌だ!」って言っているのは、隣の芝生が青く見えているだけ。「隣の旦那さんは毎日奥さんの手料理を食べているのに、なんで俺はカップラーメンなんだ」っていうのと同じです。奥さんを変えればもっと良い夫婦生活ができるって言ってるのと同じなんです。

**嬉野**　例えば、新商品を開発したい。だけど前例がないと言われてやれない。そういったことはどうしてもあるでしょう。われわれの業界でもわかりやすいと思います。「こういう番組を作りたい」と提案しても、「そのジャンルではいままでにヒット作が出てないから」と言われてしまう。そうして「この会社ではやりたいことがやれない」と言って辞めていく人が多いですね。

でも**果たして、次の会社でやれるのでしょうか**。そういう人は結局何がしたいのでしょうか。自分の思うものを作りたいという熱意でやっているように見えるけれど、それなら**いまの会社で通す方法を考えたほうが早い**のではなかろうかと思います。やりたいことをやれないということを言い訳にして、ただしんどい職場から離れようとしている人もいるでしょう。「独立する」「転職する」と言ってはいても、そんなに強い熱意がある人ばかりではないのかもしれません。

# 障壁は自分で作っている

## できないことはできないと言う

**藤村**　あまり良くない会社が従業員に求めることって、こういうことだと思います。**野球をしたことがない人が、いきなりピッチャーをやれと言われても無理**ですよね。でも、会社の人たちは「お前は剛速球を投げろ」って言うわけです。当然、みんな無茶を言われることに不満を持つんだけど、それでも投げろって言われるから、本格派ピッチャーを目指して社会と勝負してしまう。周りは強打者だらけ。そんなの、めちゃくちゃきついだけです。周囲で見ているほうだって辛い。もちろん、仕方なく練習していたら上手になる人もいるし、最初からピッチャーをやりたかった人もいるだろうけれど、どっちにしたって運が良いだけです。

だから、**どこかで正直に「ピッチャーはできない」と言わなきゃいけません。**そうしないといずれ無理が出てきます。

「水曜どうでしょう」（以下、「どうでしょう」）をレギュラー放送していたとき、最初は毎週放送していたけど、途中で無理が出てきて休みの週をつくりました。「どうでしょう」を作るためには、数日間のロケに行って、ディレクター2人で細かく編集しなきゃいけません。当時はADもいませんでした。もちろんそれでも頑張っていたんだけど、4年経った頃にスケジュールを担当していた嬉野さんが、「これは無理だ」って言いました。休日も全部仕事して、それでも間に合うかどうかわからないって。それでもやっていこうとすれば、当然番組のクオリティも落ちてしまいます。

だから上司にスケジュールを見せて、**「俺たち負けたくないんです。中途半端な番組は作れない。休まないとダメです」**って言いました。それでも「毎週やるのが当たり前だろう」って言われます。でも「その当たり前って何ですか？」と聞くと、相手はロジックを組み立てられないから、強くは反対されません。「じゃあそれでいいからちゃんとやれよ」っていうことになる。「やりますよ、当たり前じゃないですか」っていうだけの話です。

ちゃんと理屈を付けて説明すれば、そこまで無理なことは言われないと思います。これが単に「しんどいから休ませて」っていうだけでは相手も説得されません。この仕事にはこれだけの時間がかかる。スケジュールを組んでみれば無理があるのが一目瞭然(いちもくりょうぜん)。だから休ませてくれ。そういうロジックがないといけないんです。

**嬉野**　仮に、ここに空っぽの一升瓶があったとして、その中に二升の酒を入れてみろと言われて見事に入れられる人がいたら、その人は魔法使いでしょう。そんな物理学に反したことができる人がこの地球上にいるはずがない。**どうしたって一升瓶は一升のお酒が入った時点で満タンになりますから、あとは注ぐ端(はし)から、お酒は瓶の外へこぼれていくだけ**です。

これがスケジュール破綻(はたん)です。こんな具体的な話なら誰にだって予測できるので、「入れてみろ」なんて言う人もいませんし、言われたって入れようとする人もいません。でも、不思議とこれが仕事となると、「入れてみろ」と言われて「入れましょう」と安請(やすう)け合いする人たちが出てくるのです。一つひとつの仕事にかかる労力がその度に違い、一升瓶のように目に見えて計れないからです。

「大変だろうが、この仕事は君にやってもらうしかないんだ。頼む、やってくれ」とか言ってしまう上司。そんなふうに上司から頼まれたという優越感も手伝って、うっかり「やりましょう！」と安請け合いをしてしまう部下も出るのです。

　でも、実際に仕事を進めていけば、仕事量の膨大さがどれだけのものなのかがわかり始めます。そうしてどこかで追いつかなくなって、どうしてもきちんとしたものにならず、ひどく破綻して「時間切れ終了」となるのです。これは最悪の仕事のやり方です。やる前に仕事の分量を推測してスケジュールを読んで締め切りを決めることの重要さは、ここにあるのです。

「どうでしょう」がレギュラー放送だったときは、向こう3カ月くらいの編集スケジュールを作っていました。当時は締め切りが1週間に一度発生し続けていましたから、きっちりスケジュール管理をしていないと、どこかで編集が間に合わなくなるのです。

　どんな仕事でもそうだと思いますが、作業量の計算だけでなく、いろいろな状況、人間だから風邪を引いたり、のっぴきならない用事ができたりといったこともあります。そうした**不測の事態の出現すら勘定（かんじょう）に入れて、各作業に2日、3日の余裕を持たせた日数計算をしておかないといけない**のです。特に「どうでしょう」のディレクターは2人だけで、メンバーの代わりがきかない上に長期の海外ロケになることもあるのです。細かな不確定要素をあらかじめスケジュールに組み込んで初めて、作業は滞(とどこお)りなく進むのです。

それでも、週一レギュラーの番組であれば、普通は放送日の1週間前に納品するのだけれど、われわれは前日納品とか、当日の昼に納品ということをさせてもらっていました。ギリギリのスケジュールでしたが、そうしないと回していけなかったのです。

藤村さんはたまに「正月休みもあるし、頑張ればできるんじゃないの」と大雑把(おおざっぱ)に言いがちなところがありましたけれど、スケジュールを作った私には、どれくらい持ち時間がないかが明確にわかります。だから、どんなに力のある人に要求されようが、私が無理だと思うことは自信を持って「できません」と突き返せます。「できません」は、「やりたくない」「休みたい」ではなく、番組のクオリティを担保するためなのです。

クオリティを下げずに毎週放送を続けるためには、これ以上の作業の上乗せはできないというだけのことです。「二升の酒を一升瓶に入れられるわけがないだろう?おかしなことを言うなよ」という、ただそれだけのことなのです。「それでもやれ」

と言う人がいれば聞かなかったことにするだけです。だって無理なことなんだから。

そんな**無茶な指示を断れないのは、深く考えていないから**です。具体的に、なぜ無理なのかを説明できないから、「ひょっとしたらできるのかもしれない」と弱気になって受け入れてしまうのです。スケジュールをちゃんと作っていないから、どの辺りで破綻してしまうかがわからないのです。だから、押し切られて「受けます」ということになってしまう。

先にもお話ししましたが、そんなことでは、失敗しても、きっとその人は自分の責任とは思わないはずです。無理なことをやれと言った会社がダメだからと思うだけでしょう。「これは自分のせいで失敗したのだな」という自覚がないようでは、失敗から得るものは何もないはずなのです。

## その仕事の意味を考える

**藤村　実は意味のない仕事ってたくさんあります。例えば企画書。**新しいことをやるときには、企画書を出さなきゃいけないっていう前提があります。上司はそう指示するし、部下も当然そうしなければいけないって思っている。でも、実際には部下が勝手にそう判断してしまっている場合があるんです。

企画書っていうものは、自分の考え方を示すだけのものです。僕は企画書を出すということ自体が不要だと思います。出せと言われれば、一応「何月何日放送で、こういう内容です」って書きます。でも、そんな紙っぺら一枚で番組はできないとわかっています。

以前、プロデューサーさんたちと、「部下の企画書って読みます?」って話をしたことがありました。みんな言っていたのは、「一応読んでいる」っていうこと。どういうことかというと、企画書の内容を見ているんじゃなくて、その部下の熱意しか見ていない。そのために企画書という形にしているだけなんだそうです。ちゃんと指導できる人は、企画書なんてパラッとめくるだけで、「で、結局何やりたいの?」っていう所を見ています。「本当にやりたいと思ってる?」「ウケると思ってる?」「これはデータで示されないことなんだよ?」。理不尽なようだけど、これが本来の姿だと思います。

企画書を書く時点で決めていることなんて、大したことじゃありません。実際に仕事を進めていくと、企画段階では予想できなかった部分が必ず出てくる。そんな当たり前のことを理解せずに、**しっかり試算された企画書だけを見て、「こういう売り上げになるのか。これはすごい企画だね」って決裁するような上司ではダメ**です。そんな人を基準にしてはいけない。

仕方なく企画書を書かないといけないことはあると思うけど、どうしても企画書が必要なら熱意だけを書けばいいんです。細かな内容を書いて、データも集めて、「過去の傾向からこれくらいの視聴率は見込めます」って完璧な企画書を書いても意味はありません。逆に企画書という形式にこだわって、上手に書こう、突っ込まれないように作ろうってなってしまいます。それで結果的に無難な企画書しか作れずに、**「自分の企画が通らない」って的外れな文句を言うようになる**んです。

**嬉野**　ほかに、**会社の中で意味のないことと言えば、やっぱり会議**ですね。われわれも昔は会議に出ていたけれど、いまはほとんど出席しなくなりました。週一くらいの頻度で部内の会議はあるのですが、われわれは出ていません。

なぜなら、**個人の考えなんて一切聞かれない**からです。会議とは本来話し合いをする場だと思うけれど、実際にはただの報告会でしかありません。「売上が前年より3パーセントアップしました」「その原因は何？」「この番組に力を入れたからです」「ああ、そう。良かったね」で終わりです。

そんなことはわざわざみんなを集めなくても、資料を見せたらすぐにわかるでしょうに、それでも会議を招集する。すると人を集めたら集めたで今度は5分で終わりというわけにもいかなくなるから、ダラダラと意味もなく30分続けたりする。それだけのために参加者全員が5分前に会議室に行かなければいけなくなる。それはあまりにも非効率だと思いました。

でも、あるときわかったのです。われわれは会議でこんなことを話し合いたいと思っているけれど、それは別に会議の場でなくても話せるなと。

問題を解決するためにわざわざ会議を招集しなくても、「こんな問題があったんだけど、何とかできるかな」「ああ、それならこうすればいいじゃないですか」みたいなことは、実はどこでだって話せる。わざわざ会議室で企画会議をしなくても、「あそこに行ったら面白そうだけど、どう思う?」「そうですね。でもその話ならあっちのほうがいいんじゃない?」と、いつだって相談できる。要するに**普段からチームでそういう会話ができていたら、会議なんていらない**わけです。

とはいえ、誰もが会議に出ないという選択ができるわけではないと思います。でも、自分たちはいま、何を話し合わなければいけないのかが明確であれば、会議とは別の場でも話し合うことができます。「会議じゃ何も決まらないね」と言いながら、その会議のあとに何も話し合わないのであれば、それこそただの時間の無駄になってしまうのではないでしょうか。

## 「自分」を出せているかどうか

**藤村**　みんな「やらなきゃいけない」って言うけど、ちゃんと考えてみると、**意外と「やらなければいけないこと」って少ない**と思います。前提とかルールとか、世の中にすでにあるものをなぞろうとするから、やらなければいけないんだって思っちゃうだけです。

例えば、上司から「ドラマを作れ。いまは恋愛ものが流行(はや)っている」って指示されたとします。するとこれも部下が勝手に思い込んでしまう。「恋愛ドラマを作らなければいけない」って考えてしまうんです。「本当は社会派ドラマを作りたいのに、恋愛ドラマを作らなきゃいけなくなってしまった」って。

でもこの場合、上司は必ずしも「恋愛ドラマをやれ」って言っているわけではないのかもしれません。〝例えば〟で言っているだけなのかもしれない。

目的が「視聴率を稼げるドラマを作る」だった場合、それを果たすための方法はいくらでもあるわけです。恋愛ものだろうが社会派だろうが、あるいはセクシーなものでもいいかもしれない。「作れ」と指示する側の立場からしてみれば、「視聴率が良ければ何でもいいから作れ」って言いたいわけだけど、それじゃああまりに無責任だから、いま流行っているものを例えに出す。

それを鵜呑みにして、恋愛ドラマを、それも**嫌々作るっていうのは、結局は「指示待ち人間」と同じ**です。上司からしてみれば、無難で力の入っていない恋愛ドラマを提案されるより、「僕はこんな社会派ドラマのほうが面白いと思うんです！これを作らせてください！」って言われたほうがアドバイスのしようがあるし、その人の評価も高くなります。もちろんできるものだって良くなるはずです。

どんな分野でも、ヒットを打つ人は流されてはいないと思います。恋愛ドラマがたくさん放送されている中で、いきなり社会派ドラマを作ると、逆に注目されるというようなことだってあります。

結局、自分本位でいいんだと思います。それはわがままだということではありません。自分の力をより発揮できるのはこっちだという**強い思いを持っていたら、世**

**間がやっているからといって、必ずしも「自分もこれをやらないといけない」とはならないい**んじゃないでしょうか。

**嬉野**　私は**「自分」の尺度でものが言えない仕事は、やっていても自分自身が面白くない**から、関わったところで何の役にも立てません。だから、例えば知らないジャンルがテーマなら、〝知らない〟から始めさせてもらえないと参加できないのです。興味の持てないジャンルなら、〝興味ない〟から参加させてもらえないと言葉が出てこないのです。知識が足りないなら、〝足りないままを晒して〟参加させてもらわないと、自分がいる意味がないと思ってしまえるのです。

これを世間的な言葉にすると「自分を出す」とか「我が事にする」とかということになるのかもしれません。だって、まったく興味のないジャンルでも話を聞くうちに面白くなるということもあるのですから。それを自分で体験したら、同じように興味のない人には何を伝えたら興味を持つのか、それがわかるわけです。宣伝の入り口は意外にそんな所にもあります。

だから私の場合、**〝自分を出せているかどうか〟という感覚はとても大事**です。知識や経験の足りていない自分を表に出して仕事に参加するから、そんな私に知識のある人がものすごく初歩的なところから説明してくれるから、意外にそこから本質が見えてきたりもするのです。

でも、「知らない」とか「興味がない」と、足りていないことを表明せずに、隠しながら参加してしまうと、本質的なことは何も教えてもらえません。そうしてそのあとで体験するかもしれなかった気付きにもたどり着けず、感動もまた得られなくなるのです。

反対に「やりたくない」とどうしても思うのなら、やらなければいいのです。「これ、無理です」「僕にはできません」。そう言えばいいのです。私は「できません」とあっさり断ることがあります。ただ、いきなり「できません」だけを言っても、わがままにしか聞こえません。**できないことの根拠を持つことは大事**なのです。

# 役職は人を区別するものではない

## 上司の役割とは何か

**藤村**　**会社に対する不満って、つまるところは上司への不満**でしょう。

上司というものの定義として、まず部下がその人の命令を聞かなきゃいけないっていうことがあるわけです。**上司が部下にどんな仕事をさせるかを決める。この大前提がすでにおかしい**んです。上司だからってだけで命令している人もおかしいけど、何の疑問も持たないで命令を受け入れる部下もおかしい。

僕は北海道テレビというローカルテレビ局に入りました。でもその会社には「オレたちひょうきん族（※1）」を作った人はいない。「8時だョ！全員集合（※2）」

を作った人もいない。その時点で、僕は上司を「何も作れなかった人」としか見られませんでした。

僕が作る番組を見て、彼らが「面白いのかどうかわからない」って言っても、そりゃそうだと思いました。だって、面白いものを作ったことがないんだから。だから「こんなものだめだ」って否定されても何も気にしません。「わかっていないんだな、この人は」としか思わないんです。

上司と部下を分けるものって、結局は役職です。**役職はもともと個人に備わっているものじゃありません**。だから人を区別するものじゃない。でも会社に長く勤めていれば、何かしらの役職に就くようになります。そうして「上司だから部下に指示をしなきゃいけない」って思ってしまうんです。

その時点で、本人のキャパを超えてしまうこともあると思います。僕が自分より面白いものを作れない人に何か仕事の指示をされたら、「自分がわからないことに指示を出すな」って睨みます。

ただ、**僕より長くやっている人は、僕の持っていない〝経験則〟を持っています**。そこを無視してはいけません。世の中には理屈だけじゃどうにもならないことがたくさんあって、そうした問題にぶち当たってきた数が多ければ多い人ほど、その解決方法を知っています。それは自分のものにしておいたほうが得です。

だから上司に「こうしろ」って言われて、なぜそう言っているのかという理由がわかって納得できれば、ちゃんと聞きます。一方で、どんどん時代が変わっていく中で、彼の考えは時代遅れじゃないのかという指標としても考えます。自分の知らないことを知っているからって一概に正しいと捉えるのではなくて、その**知識や経験をどう使うべきか**を考えなければいけません。

上司の言うことに納得できなくても、何も考えずに指示通りに動く。あるいは単にわがままに、何の指示も聞かない。その結果が組織を崩壊させる方向に向かっているのであれば、それは上司だけの責任ではないんです。

※1　1981年から89年にわたり、フジテレビ系列で放送されたお笑いバラエティ番組。ビートたけしや明石家さんまなどの人気芸人が多数出演。「タケちゃんマン」や「ブラックデビル」など、多くの人気キャラクターを産み出した。

※2　1969年から85年にわたり、TBS系列で放送された公開お笑いバラエティ番組。主演はザ・ドリフターズ。最盛期には40パーセントを超える視聴率で、「お化け番組」とまで呼ばれた。

**嬉野**　私にはそもそも、上司や部下という考え方がないのだろうと思うのです。立場として**私より上であろうが、下であろうが、私をうまく使ってくれる人と仕事がしたい**。

北海道テレビのプロデューサーで、「どうでしょう」の歴史にもその名を刻む、福屋渉(ふくやわたる)さん（※3）という人がいます。彼の実家は酪農家で、彼も子どもの頃に酪農の手伝いをしていたそうです。あるとき、牛たちのお話をいろいろと聞かせてくれたことがありました。

彼に「牛を飼う上で何がいちばん大事だと思いますか？」と聞かれて、私は寝床を綺麗にしてストレスを与えないようにしてあげるとか、ちゃんと運動させてあげるとか、そういうことかと思いました。でも彼は、「餌やり」だと言ったのです。「え？　餌なんて桶に入れておくだけでしょう？」と思うのですが、そうではないと言うのです。

牛も人間同様、生き物です。中には、隣の牛を押しのけて餌を横取りして食う牛もいれば、気が弱くてなかなか食べられない牛もいる。そうかと思えば、さっき食ったのに食っていない顔をしてまた食おうとする奴もいる。

質の良い牛乳を出してもらうためには、食べ過ぎて病気になるのも困るけれど、食べずに栄養失調になるのも困ると言うのです。そこを見極めて、ちゃんと牛たちが適量の餌を食べられるようにすることが大事だと。

こいつはわがまま過ぎる。こいつはおとなし過ぎる。そんなふうに、牛の個性を否定するのではなく、**牛の性質そのままを仕方のないものとして受け入れる**。だって相手は牛ですからね。話してわかる相手ではない。だから面倒くさい癖があっても全部そのままに受け入れて、こちら側で全頭にきちんと適量を食べさせるようしっかり監視する。そこまでの管理を含めて「餌やり」と言うのです。

そうやって牛の個性を受け入れてまで、酪農家が牛たちに対応しようとする理由は何か。それは、すべての牛たちに良い牛乳を生産させることが、結果的に自分たちの収益を上げることに繋がるという自覚があるから。そんなことを考えていたとき、私は「あれ？　でも**それって『上司』と『部下』の関係に近いんじゃないのかな**」と気付いたのです。部下の中には、ガンガン突っ走っていく人もいるでしょうし、いつまで経っても新しい仕事にチャレンジできない人もいるでしょう。そのそれぞれが個性なのです。

**部下はそれぞれに性質も得意不得意も違う。でも上司にとって、そいつらだけが**

**自分の財産**なのです。「自分の持ち駒はこれですべて。デコボコあるけど、こいつらみんなが俺の財産」「こいつらの世話をしながら全員で良い仕事をするために、俺はこいつらをどう導けばいいのか」。そう考えること、それが上司の本来の立ち位置のように思えます。

※3　北海道テレビ放送のプロデューサー。取締役・東京支社担当兼東京支社社長兼コンテンツビジネス担当補佐。「ハナタレナックス」や「いばらのもり」などの番組を担当。「どうでしょう」にも関わりが深く、「激闘！西表島（いりおもてじま）（90ページ〜参照）」ではロケに参加した。

## 部下を育てようという勘違い

**藤村**　上司になれば、**「自分が部下を育ててあげなきゃいけない」**って**勘違いしてしまう**んだと思います。でもみんな、そんなに立派な人間じゃないですよね。牛の話にしたって、牛にミルクの出し方を教えてあげることはできないわけです。人間にできるのは環境を整えてあげるだけ。

いま「どうでしょう」を手伝ってくれる、ある年下の仲間がいます。彼は僕たちの考えをとても理解してくれていて、僕がやろうと思っていたことを「藤村さんやっておきました」と先にやってくれていたりします。僕は彼のことを、部下というよりは仲間として認めています。それは仕事を助けてくれたからではなくて、自分で考えて仕事をできるからです。

それができない人は、極端に言えば無視します。話し掛けられても答えないというわけではないけど、仕事を教えてあげようなんていう気はさらさらありません。**僕たちは、〝仕事〟をしなければいけないんです。大学のサークル活動じゃありません。**そこに指示待ちの人間がいたら、人数から外したほうが早いでしょう。指示することにだって時間や労力がかかります。それは無駄でしかない。ほかの人間が2倍働いたほうが良いでしょう。

そう言うと、周囲の目には冷たいと映ります。組織論で考えると、「どんな奴でも育てなきゃいけない」ってなるんです。でも、本当に本人のことを考えればどうでしょうか。**指示待ちになってしまっているっていうことは、その仕事に向いてい**

**ないってことかもしれません。それを何とかしてあげようとするのは、相手にとっても不幸だと思う。**僕だって、自分が向いていない仕事を教えられたくありません。

ただ、矛盾するようだけど、だからといってすぐに「辞めろ」って言うのも違うと思います。無視するっていうことと期待しないっていうことは、ちょっと違うんです。

向いてないって感じたとき、それでも続けるかどうかは自分自身で決めなければいけません。1カ月教えただけで、部下が成長しなかったら、「あいつはやらない」って決め付けてしまう人もいますよね。そこにも勘違いがあるのだと思います。よっぽどじゃない限り、放っておいても、3年もすれば誰でも自分でやるようになります。そのうち向いていないと思っていた仕事でも好きになるかもしれないし、できるようになるかもしれない。その間、上司である自分の負担は増えるかもしれないけれど、そこはまあ仕方ない。自分が無視すると判断したんだし、**一般的な意味での上司の義務を無視しているんだから、その部下の居場所を奪う権利もない**んだと思います。

**嬉野**　私は、居場所がなくて困っているような人は回収してあげたいと思いがちな人間です。人間が大勢いるとね、中にはどうしても、ちょっと不器用だったりクセが強かったりで、**仕事はちゃんとやっているのに疎まれる人が結構います**。そういう人は、すでに結果を出している仕事があるのに、社内では評価されず、罰のように不慣れな部署に異動させられていたりします。熱されたフライパンの上に乗せられて、「熱い熱い」と悲鳴を上げながら辛い日々を送っている。

それを見ていたら、「あいつも、どこかで救ってあげないと気の毒だなぁ」と思いがちです。だからそいつから話を聞いて、**「何をしてやれば、本人と会社のためになるのかなぁ」**と考えるのです。

それは優しさではなくて、そいつの持っている力をもったいないと思うからということですね。ちゃんと仕事をしようとしている奴が、単にコミュニケーション不足で理解されず、組織の中できつい目に遭っている。ならば**別の場所で本領を発揮させてやれば、組織にとっても得**なのです。

先ほどの牛の話と一緒です。牛なのに競走馬みたいなことをさせられても結果も出せず、牛本人も苦痛です。でも、土地を耕すことなどであれば、どんなにきつくても本来持っている力を出せる場所なのだから、牛自身も満足するのです。何よりも、馬の真似をするよりよほど良い仕事をするはずです。

このご時世、転職先も決めずに会社を辞めたら本人も損ですし、人材不足だといわれている中、使いようによっては力を発揮する社員を、「生意気だから」くらいの理由で腐らせたり辞めさせたりするのは、会社にとっても不利益です。

ただ、そうしたクセのある人たちに私がことさら目を掛けているということではなくて、何となく、そういう人たちが私の目端に入ってくるということです。これはとても個人的な感覚で、「こいつにやりたいことをやらせたら、面白い仕事に仕上げて見せてくれるかもなぁ」とか、取っ付きにくくても、私と話が合わなくても、何かとカチンとくることを言ったりしても、面白いことを考えていそうな人には、「腹の中にしかないものを仕事で表に出して見せて欲しいなぁ」と思うのです。

# 第2章　環境は必ず変えられる

# 組織への依存から抜け出す

## 愚痴っているのがいちばん楽

**藤村**　自分と合わない部長が来た、自分のことをわかってくれない部下がいる。**考え方が違う人たちの中でやっていかないといけないっていうことが、会社の難しい所**だと思います。

考えてみれば、それは学校と一緒なんです。クラス全員が仲良しなんてあり得なくて、やっぱり気に入らない奴がいるわけです。クラス替えで仲の良い友達とは同じクラスになれなくて、嫌いな奴と一緒になっちゃった。それで「嫌だなー」って言っている。「今回の人事で嫌な部長が来ちゃってさ」って愚痴るのは、それと同じことだと思います。

会社のあれがおかしい、これが不満と思いながらも、続けているうちに慣れちゃって、必要のないことに時間を使っている人がたくさんいます。結局はそのほうが楽だからです。**「うちの会社は面倒だから」って文句を言いながらも、甘んじて受け入れる。**酒を飲みながら「うちの上司ダメだよね」「わかるわかる」って言っているけど、具体的なアクションは起こさない。それで**ほかに良い条件の会社があればそっちへ移るから、結局その会社にある問題点は改善されていきません。**

**それは〝依存〟とも言い換えられる**と思います。会社という環境は依存関係がつくられやすいんです。自分の考えや希望を少なからず捨てて、上から言われる通りに仕事をこなすことに注力している。それは、「上司に気に入られたい」「上に乗っかっていたい」ってことと同じでしょう。おもねりながら愚痴ばかり言っている状態は、見事に依存していると言える。

僕たちは、会社のおかしいと思う所を、確固たる意志を持って変えてきました。ただそれは、正義感みたいな所からじゃありません。僕たちだって周囲とケンカしたいわけじゃなくて、うまくやっていきたいとは思います。ただそれよりも、**「どうでしょう」っていう、守るべきものを守ることのほうが大事**だったからです。「これを邪魔する奴は誰でも許さない」って思えるものがあった。もちろん自分たちで作ってきた番組だっていう自負はあるけど、ある意味で幸運なことだとも思います。だから、誰もが同じようにすべきだとは思いません。言いたいことを言ってしまうとやっぱり犠牲にするものもあるだろうし、そこまでして会社を変えようっていうほど危機感を持っている人もあまりいないと思います。

そんなに大きな不満はないにしても、何かしら、もっと良くできないかって思っている。そんな状況を甘んじて受け入れているのもアリです。でも、それならその自覚をしなきゃだめです。本当は変えたいんだけど、いろいろ考えた上で周囲とうまくやっていくことのほうが、結局メリットが大きい。だから口に出さない。そこまで考えているかどうかだと思います。

## 2人いれば大丈夫

**藤村**　ちゃんと考えた上で、変えたいけど、どうせ変えられないだろうなと諦めている人には、**「誰でも絶対に環境を変えることができる」**って言いたい。全部ガラッればすくと変えるのは難しくても、自分が許せない部分だけを変えて、仕事をやりやすくする程度に変えていくことはできる。それは確信を持って言えます。

**ただ、やっぱりひとりでは難しい**と思います。言っていることが正しくても、どうしてもわがままだって思われてしまう。でもそこに共感する人がひとりでもいれば大丈夫です。だんだんとその共感が広がっていきます。

「どうでしょう」の場合は、嬉野さんが休みの週をつくろうと言って、僕も「そりゃそうだよね」って共感しました。それを上司にぶつけて、渋々ではあったかもしれないけど了解を取った。

これを嬉野さんだけが言っていたんじゃ、多分通せなかったと思います。企画書を書かないとか、会議に出ないとかっていうのも、どちらかひとりだけが言っているだけじゃ認められなかったでしょう。2人いたから相手も言うことを聞いてくれたんです。

**僕たちは自分たちの仕事がやりやすくなればいいと思っただけ**だけど、そういう姿勢を周囲に見せることで、会社全体が変わっていくということもあるかもしれません。最初は周囲に「なんであいつらだけ」みたいに思われても、続けているとそれが自然になってくるのだと思います。すると「ああ、この会社はしっかり結果を出せば、うるさく言われないんだ」「そうだよな、無理なら休めばいいよな」っていう雰囲気が全体に浸透していく。

逆に言えば、自分がどれだけ正しいと思っていたとしても、**誰も共感してくれる人がいないのなら自分が間違っているのかもしれません**。そこで「いや、それでも俺は組織のおかしな所を変えているんだ！」と考えてしまうのは危険。そこの基準は持っていなきゃいけないんです。

**嬉野**　以前、上野に「人体展」を見に行って知ったことですが、人の体は、脳を経由しなくても内臓同士で話し合って助け合う、みたいなことをしているのだそうですね。例えば心臓が「疲れたな」と言ったとすると、それを聞いた腎臓が「それは大変ですね。それなら水圧を低くするとあなたは楽になるから、私は水を体外に排出しますね」と、心臓のためにどんどん尿を作るのだというのです。

私は人の体というものは、脳が体全体の状態を把握管理した上で、各臓器に指令を出しているものとばかり思っていました。だから、脳の与り知らない所で内臓同士が勝手に連携して助け合っているという事実にはずいぶん驚きました。

そして同時に、もしかしたら人の社会もこの人体の仕組みと同じように発展してきたのではないだろうかと思ったのです。**文明は、上からの指示だけで作られたものではなく、案外、隣同士でコソコソと密に話しながら綿密に作り上げてきた部分が結構多いのではないか**と。

もしそうであれば、会社の上層部に問題があっても、現場がしっかりした考えと意志さえ持っていれば、組織は何とか健全に回していけるのかもしれません。そう考えると、今日からでもできることがある気がします。

心臓と腎臓が連携して助け合うのは、お互いのためでもあり、結果的に人体全体のためでもあるはずです。人の体の成り立ちがそうなら組織も同じはずです。現場のことは現場の人たちがいちばんわかっているのですから、ある程度は現場で判断する。

私たちだって、組織の中で孤立しているわけではないのです。自分が携わっている仕事にしっかりした考えを持っているなら、そんな人間が2人、3人といるなら、話は通じ、お互い連携し触発されて現場は活性化するはずです。すると大きなものも動かせる。

これをいきなり「この組織はおかしい。会社を改革しなければ」なんてところから始めようとすると、摩擦（まさつ）や抵抗が生じて実現は難しくなります。結局うまくいかず、愚痴で終わるような結果になるのです。

現場で働く人間が意志を持って働きやすい環境を勝手につくっていけば、そして**一人ひとりが自分の頭で考えて仕事を楽しいものにしていこうと判断すれば、いつか会社全体の雰囲気も良くなっていく。**そう信じていいのではないかと思います。

# やりたいことはすぐにわからない

## 20代は我慢するしかない

**藤村**　自分のやりやすいように、環境を変えていく。でも忘れてはいけないのは、それにもタイミングがあるということです。僕たちだって、最初から休みの週をつくったり、会議に出なくなったりしたわけじゃありません。**最初から噛み付くのは、ただのわがままです。まずは上司の言う通りにして、5年後、10年後に判断してほしい。**そこで自分の中で理屈を見つけて、本当に必要ないって思えるなら、堂々と「やらない」って言えばいいんです。**20代で仕事や職場の不満を持っているのなんて、当たり前**なんです。会社に入ってすぐに職場の環境を変えるなんてことは不可能。「元気の良い奴が入ってきたな、みんなあいつの言うことを聞こう」なんてあり得ないでしょう。だから新入社員に、「こんなに面白いこと考えたのにできないんですけど」って言われても、「当たり前だよ」としか答えられません。

**30代で同じことを言うのであれば、「いや、できるでしょう」って答えます。**「君がやっていないだけだよ」って。いろんな経験を重ねて力も付いて人脈も出来て、もうやれるはずなのに、文句を言っているだけです。

40代以降でまだ文句言っているんだったら、まあ、もう諦(あきら)めましょう。

20代の人には、「まだ無理だ」ってはっきり伝えるべきだと思います。仕事が楽しいなんてありえない。小学校のときに勉強しなさいって言われて、本当は遊びたいけど仕方なく勉強しますよね。それと同じです。**20代は職場に慣れる時間、学びの時間、経験を積む時間**です。

僕の場合、北海道テレビに入ったのは25歳。30歳までは、希望した部署には就けませんでした。でも、配属された部署はテレビ番組やテレビ局の仕組みを知る上では非常にわかりやすい所でした。あのとき、自分がやりたい仕事じゃないからって辞めてしまっていたとしたら、僕は「どうでしょう」を作ることはできなかったと思います。自分がいる所にどんな意味を見出すかっていうことは、どんな職種でも大切だと思います。

だから、いわゆるブラック企業じゃない限りは、条件がうんぬんかんぬんって言わないほうがいいんです。学校で考えると、地方だったらその地区の公立小学校に行くのが当たり前でしょう。でも高校とか大学は通える距離や学力っていう区切りの中ではあるけど、選べるようになってくる。その中で自己判断ができるようになっていきます。

社会に出ても同じです。会社や業界という枠はあるけど、その中でどっちに進めばいいかが、少しずつわかってきます。最初から自分のことをあまり高く評価せずに、あるいは慎重になり過ぎずに、ここから大事なのは人の縁だ。結局人の中でしか生きていけない。そう考えればいいと思います。他人と比べて給料が低いとか休みが少ないっていうことが気になるだろうけど、10年経てば状況はかならず変わります。

もちろん僕だって、20代の頃にこんなことを考えていたわけではありません。**いまになってやっとわかることです。全部、後付けです。**いまいる所がどうしてもダメだと思うなら、別の所に移ってまたそこから始めてもいい。

ただ、その度にイチから始めなきゃいけない。それもまた大変なことです。我慢して仕事をする時期にどんな意味があるのかっていうことがわかるときが必ず来ます。だからそれまではやっていることに意味がないとか、自分のやりたいこととは違うとかって言ってちゃいけないんです。

**嬉野**　仕事をしていく上で、やりたくないけどやらないといけないことは、やっぱりあります。私はスポーツに興味がなくて、子どもの頃からスポーツ番組はあまり見なかったのですが、20年くらい前、「どうでしょう」が始まってしばらくまでは、兼務でサッカーの試合中継の応援に参加しなければいけませんでした。フロアディレクターとしてコートの端でインカムを付けて、一応頑張っていたわけです。正直、ルールも選手のことも、何もわからないからやっていても興味は出ません。ですから自分がやれる仕事だとも思いませんでしたけれど、仕方なくやっているうちに自分でもやれると思える所も出てきました。いまになって思えば、その部分だけは身に付いたかなと思います。大部分は「やっぱりできないな」ということで、要するに興味が持てない仕事は深めていけないので面白く思えないのです。それでもやったことで、**「こういうことは自分にはできないんだな」と学ぶことができた**

わけです。

その後、「嬉野君にもスポーツ中継のディレクターの仕事を覚えてもらわなければならない」と、少年野球の中継をやるように言われたこともあります。いきなりプロ野球は無理だけど少年野球なら中継のカメラの台数も極端に少ないし、中継に慣れるには適していたのでしょう。

でも、やれと言われても私にはまったく意欲が湧かないのです。だって私は野球のルールもよく知りませんから、どうにも興味を持てないのです。もちろん私がそのとき20代だったとしたらそんなことも考えずに、「やらなきゃ！」と思えたのでしょうが、そのとき私は37歳。「どうでしょう」ももう始まっていましたし、今更この年齢から中継を覚えるのもきついだろうと思え、すぐに上司に正直に進言しました。「あのぉ。僕、野球のルールも知らないんですけど、そういう奴が中継ディレクターをやっていいものでしょうか？」。それを聞かされて上司もまさかの決断を強いられたのでしょうね。しばらくすると担当が別の人に変わっていました。

そういう前科がある私が言うのも変ですが、私が「できません」とハッキリ言ったのは、自分ができないことが目に見えていたからです。私はその頃すでにそうした予測がつく年齢だったということです。

社会に出てからの経験が浅い20代なら、自分に向いている、向いていないに関わらず、任された仕事をしたほうがいいと思います。若いうちから自分の天職は何だろうと探している人もいるようですが、社会に出たばかりの人にそんなものがわかるわけがない。人間には、**自分がどんな仕事に向いているか、自分すら知らないということだってある**のですから。

大切な出会いや発見は、いろいろなことをやらされているときに巡って来たりするのです。**若いうちから自分に向いている仕事ばかり探そうとすることは、結果としてその大切な出会いのチャンスを失うことにもなる**のだと思います。それを思えば、毎日上司からうるさく指示されて、何のためかわからないけれど、とりあえず仕方なしにやってみる。その中で自分には何ができて、何ができないのかが、自然と明確になっていく、その時期が20代ということでいいのではないでしょうか。毎日毎日言われた仕事をしているだけでも、とても立派なことなのです。

## 「やりたい」という気持ちを持ち続ける

**藤村**　ちょっと語弊があるかもしれないけど、**若い人には「やりたいこと」ってないと思います**。必要がないとも言える。

やりたいことって、いろんなことをやっていくうちに、その中から取捨選択していくものです。子どもの頃にやりたいことに出会って、小さな芽を努力して育てていくなんてイメージもあるけど、そんな人はごくごくわずか。それはみんなわかっているはずです。

ほとんどの場合は、「これいらない」「これできない」「これだったらやれそうかな」ってやっていく。言葉を変えると、**〝できること〟を仕事にしている**ってことでしょう。それを自分の**〝好き〟や〝やりたい〟に育てていく**というのが大事なんだと思います。

だから、**若い人に「やりたいことをやれよ」とか、「お前のやりたいことって何よ」みたいに言っちゃいけません**。そんなことを言う人は、若い人が「ドラマ作ってみたいです」って答えたときに、「ああ、ドラマかあ。そんな簡単にはできないよ」って言いたいだけです。入社したての人が、ドラマを作るにはどうしたらいいかなんてわかるわけはないのに、「じゃあドラマ作るためにはどういうことが必要だと思う?」「まず役者さんが……」「いや、甘いね」って、そんな会話をしたいだけ。

僕は新入社員に、「どうしてテレビ局に入ったの？」って聞きます。そうするとやっぱり「ドラマを作りたいから」って答えるわけですけど、**「いちばん大事なのは、その気持ちをずっと持ち続けられるかってこと。みんな忘れていくから」**って言います。

仕事に慣れていくうちに、多くの人が「なぜテレビ局に勤めているのか」を見失っちゃうんです。〝やりたい〟という気持ちさえあれば、ドラマじゃなくてもいいわけです。ドラマを作りたかったのに報道に行かされたとか、営業に配属されたとかっていうことは、やっぱりあります。そこで**〝やりたい〟を手放してしまってはいけない**。ドラマをやりたいと思っていたけど、営業として働いている間にバラエティをやりたくなった。そうした変化はあってしかるべきです。

**〝やりたい〟を忘れてしまうと、会社の中で何も考えない人間になってしまう**んです。人事異動で部署を移って、「初めての部署なのでご迷惑を掛けるかもしれませんが」って平気で言う人がいますけど、「迷惑掛けるんだったら来るなよ！」って言いたい。その人にはもう、何かの仕事をやりたいなんて気持ちはなくて、単に流されているだけなんです。もちろん決まり文句として言っている部分もあるとは思うけど、新しい場所でも何かやりたいことを見つけようと考えている人から、そんな言葉は出てこないように思います。
そこを履き違えなければ、違うことができる。誰だって〝やりたい〟の形を変えながら働いているんです。それは間違いでも妥協でもありません。

ずっと働き続けるのだという自覚

**藤村　問題は30代に入ってからです。そのときに、自分の仕事というものを真剣に考えてほしい。**一生とは言わないまでも、少なくともそこから30年間は働いていくということは間違いありません、来年、再来年の話ではなくて、ずっと働き続けるんです。経験を積んで仕事のやり方がわかってきたときに、**不自由な環境に慣れてそのまま30年過ごすのか、自分がやりやすいように変えるのか**が分かれ道です。
僕は30歳を過ぎてから制作部に入りました。31歳から37歳までは「どうでしょう」だけを一生懸命やってきた。ただその時期は、「どうでしょう」を作るということよりも、「どうでしょう」を守るために社内の環境を変えるということのほうに力を注いでいたんだと思います。

自分の周りの環境を変えるということは、すべてこの間にやりました。労働組合の委員長をやったりもした。自分たちの作りたいものを作るためには、周囲の声に左右されちゃいけない。自分たちで考えて、自分たちで決めていかなければいけない。そういう自覚が芽生えてきたのだと思います。会社から命令されて仕事をするということは、ほとんどなくなっていきました。

**40歳を超えれば、自分の力で職場環境を変えられるという前例を、下の人たちに示さなきゃいけない立場になる**んだと思います。そうすれば、20代の人たちも頑張ることができる。「○○さんは好き勝手やっているように見えるけど、彼だって自分で変えてきたからいまの状況があるんだ」って考えることができれば、将来に希望を持てるでしょう。自分がその年齢になったときには、前にならえじゃなくて、自分の思うように職場を変えることができる。そうした新陳代謝みたいなことが出てくると、とても良い組織になっていくのだと思います。

**嬉野**　転機というものは、やっぱりどこかで来るのだと思います。理屈で説明しろと言われても無理ですけれど、きっと来る。

私は現在もテレビディレクターという肩書きですが、正直、自分がこの職業に向いているとは思っていません。北海道テレビで仕事をする前、30代に入ってから、私は「周りに自分のような性質の人間がまったくいないなぁ」とずっと思っていました。テレビ業界に、私みたいな「気迫の見えにくい人間」は、ほかにいないのではないでしょうか。

とはいえ、向いていようがいまいが、そのとき30代後半になっていたわけですから、今更転職してまったく違う仕事をイチから始めるのはあまりにも不利だと思いました。だから、私に足りないものを持っている人、「何か面白いことをやりたい」と熱望しているディレクター。つまり私と正反対で、気迫と才能に溢れているけれど経験の浅い人物。そういう人を見つけて組む。それができれば、「自分はできないことを無理にやる必要もなくなって、いまの自分のままでテレビの仕事を続けていけるのになぁ」と思っていたところ、たまたま引っ越した先の札幌の北海道テレビで、うってつけの人を発見したわけです。

それが藤村さんでした。まさに渡りに船でした。以来、今に至るまで一緒に番組をやっていますけれど、彼との出会いがなかったら私の人生はどうなっていたのか。「できないことも頑張らねばなぁ」と自分を励ましつつやっていたのでしょうが、長くは続かなかっただろうなと思います。

もちろん彼との出会いは偶然でした。でも、**出会いはすべて偶然**なのです。そんな中で少なくとも私は「何とかしてこの川を渡りたいものだ」と思っていたということです。だから目の前に船が流れてきたときに見逃さなかった。そこはひとつ大事な所じゃないかと思います。

**「渡りたい、渡りたい」と言っておきながら、目の前に船があることに気付かないなら、いや、気付いても乗ろうとしないなら、その人は、いつの間にか船を探そうとしなくなっているの**です。結局、渡る気のない人なのでしょう。その点、私は渡ろうと必死だったのだと思います。私みたいな人間は必死に生きていかないといけませんから。〝必死〟はすごく大事です。**私は一見呑気に生きているように見えるらしいですが、呑気に生きる場所を確保するために必死なのです。**

# 会社を上手に利用する

## 目指すべきは共生関係

**藤村**　ある程度経験を積んだところで、会社の環境を変える。そのとき同時に自分の側の意識も変えることができると、グッと楽になるし、やりがいのある仕事ができるようになります。どういうことかというと、**会社を変えようとするだけでなく、利用しようという意識を持つ**っていうことです。

会社の不満だけじゃなくて、自分が会社員であることのメリットを考えてみましょう。まず単純に、個人でやるよりもたくさんのお金を使えます。仮にどれだけ僕に力があったとしても、やっぱり個人では何日も海外ロケに出たり、全国をキャラバン（※4）で回ったり、いまみたいな規模で仕事を展開していくことはできません。安定した収入があって出張費も出るから、これだけ自由にやれるんです。

それに「北海道テレビ」という〝**肩書き**〟**を背負っているからこそ、いろんな人と出会えます**。この社会では、会社員でいるだけで無条件の信頼があるんです。どこにも所属していない人がいきなりコンタクトしても、会ってくれる人は少ないでしょう。自分が会いたい人であればあるほど、難しいと思います。組織の名前を借りなければ、社会の中に出ていくことは不利だっていう大前提があるわけです。

もちろん、**どんな関係性も、一方がメリットを利用するだけでは成り立ちません**。自分たちも会社に利益を与えなきゃいけない。僕たちにとってのそれは、「どうでしょう」です。生意気な言い方をするようだけど、僕たちの作った番組によって、会社に大きな収益がもたらされている。だからこそ文句も言えるし、やりたくないことをやらずに済む。会社のメリットを最大限利用して、自分のやりたいことを続けていくことができるわけです。

会社にもたれかかるのではなくて、しっかりと自立してメリットを交換し合う。そうした〝**共生関係**〟**みたいなものをつくっていくことが、本来、会社員の目指すべきところ**じゃないかなと思います。

※4　定期的に全国各地で開催されるファン交流イベント。アーティストの演奏やディレクター陣との撮影会、グッズの販売などが行われる。

**嬉野**　会社の良い所は、まず毎月給料をもらえることですね。これは大きい。フリーになったら自分で仕事を取ってこないとお金は振り込まれません。それに比べて会社員なら、風邪で休んでも給料が出ます。

それに、**人間はやはりどこかに所属していないと不安になる**のではないでしょうか。

よほどの有名人でなければ、ほとんどの人は「自分は誰なんだ」ということを世間にどう説明すればいいのかわからないはずです。初めて会った人に「嬉野雅道です」と名乗っても、相手は「何をされている方なんですか?」と聞きたがるはずです。

ところが「北海道テレビの嬉野です」と会社に所属していることを告げれば、世間はそれ以上、「この人は誰だろう?」と詮索しなくなります。相手は、私がどういう人間なのかをわかった気になってくれるのです。それを思えば、社会で生きていく上で**会社員であることは、自分のことを細かく説明しなくて済む分便利**だと思うのです。

## 自分にとっての〝温泉〟を掘る

**藤村**　仕事って、良くも悪くも、やればやるほどやりやすくなってくるというところがあります。10年選手が「あれやれ、これやれ」って言われることは、あまりないと思います。だからこそ常に自分自身を見張っていないといけないけど、ちゃんと**自分で考えて仕事をできていれば、良い所だけを利用できるようになります**。初歩的な仕事は減ってくるし、いらないトラブルは避けることができるようになる。その分、自分の好きなことに時間を割くことができます。**僕たちはそうした状況を〝温泉〟と表現します**。僕の場合であれば編集です。10時間やろうが20時間やろうが、何の苦労も感じません。一方で、ロケはやっぱり大変です。生身の人間を連れて行くわけですから。それに比べて編集は自分ひとりの考えでできるから楽しいわけです。何回失敗してもやり直せます。

そうしてずっと編集をしていると、「藤村っていうディレクターは、長時間編集室にこもって作業する人だ」っていうイメージが出来てきて、それで結果も出ているわけだから、誰にも文句は言われません。それは僕にとってとてもありがたいことだから、編集は人に頼みません。テレビ局でディレクターとして働いている人って、年を取っていくとみんなプロデューサーになったりするけど、僕はやらない。先にも話したけど、後進を育てるみたいなこともしません。だって面倒くさいから。

みんな僕が編集室に入っていると「忙しそうですね」「大変ですね」って言ってくれるんだけど、全然違います。楽しいんです。もし「そろそろ大変なことは下の人間に任せて」って言われたら、僕の温泉がなくなってしまいます。

温泉に入っているときって、「ああ〜」って気持ち良いじゃないですか。それに対してみんな言うんです。「いつまで温泉に浸かっているんだよ」って。要は自分のやりやすい環境でしか仕事できない奴なんてダメだって言いたいんだろうけど、良いものを作り続けることができれば何の問題もないと思います。

誰かに与えられた温泉なら考えるべきなのかもしれないけど、自分で掘った温泉に入っていることに文句を言われたくない。もし僕が別の会社に入ったとして、そこでも温泉を掘る自信があります。というか、そうでなければ仕事できない。**源泉**

**は、どこにでもある。掘ることができるかどうか**だけです。

**嬉野**　私にとっての〝温泉〟は何でしょうね。テレビの世界の人たちは、ディレクターもカメラマンもみんな技能者ですから、当然、技能に秀でている人が多い。その質と量を競い合っているところがあります。藤村さんは間違いなく技能者なのでしょうね。だから編集室にこもって編集作業をしている時間が、自分が自分らしくいられるときなのでしょう。それが温泉なのでしょう。

私はどうでしょう。そうですね。私はやっぱり技能者ではないのだろうと思います。編集もできますが、番組を作れと言われたら「荷が重いなぁ」と思うでしょうから、あんまり温泉ではないですね。カメラもできますが、「どうでしょう」以外は、できる気はしませんね。だからカメラが温泉というわけでもありません。

結局、私は、**私でいることがそのまま仕事になっているような状態が温泉**なのかもしれません。唯一「どうでしょう」のカメラを私がやれるのは、テクニックが必要ないからです。「どうでしょう」のカメラワークは、技能ではないのです。あれは、私のカメラワークであるということなのです。私がひとりで最初から「どうでしょう」のカメラを担当してきたので、私好みの絵撮りがそのまま「どうでしょう」のカメラワークになってしまったのです。

それくらい私のカメラワークは一般的なバラエティのそれとは違ったのでしょうね。しゃべり始めた人がいてもその人にカメラを振らない。基本的に常に固定カメラのように動かないカメラワーク。ほとんどズームは使わずタレントに寄りたいときはカメラを構えたまま体ごと迫っていく。タレントがしゃべっているときも風景を撮っていることがある。

これらはすべて感性の赴く(おもむ)ままに私が編み出したカメラワークです。私ひとりが気持ちの良いカメラワークです。自分ばかりが無理していないのです。それを思えば、「どうでしょう」の現場でカメラを振ることは、ある程度温泉なのかもしれません。

# 第3章　〝面白い〟の条件

## 〝流れ〟が視聴者を惹き込む

### 背景を見せて流れをつくる

**藤村**　「どうでしょう」を見たたくさんの人に、「面白かった」って言ってもらえます。じゃあ何が面白いのか。単純に言えば〝笑い〟があるかないかです。でも、**バラエティ番組における〝面白さ〟が何かって考えると、〝笑い〟とイコールではない**と思います。

人を笑わせるためには、ある種の技術が必要です。それはタレント性に頼ることにもなるんです。僕たちは、大泉君（大泉洋）やミスター（鈴井貴之）に、「何か面白いことをやれ」とは求めていません。ある状況の中に彼らを含めた僕たち4人を放り投げて、そこで何かが起きることを期待している。その一連の出来事に面白さを求めているのであって、ネタをやれ、手品をやれ、とは考えていません。

僕が思う〝面白い〟とは、〝テレビを見続けてしまう状況〟がつくられているということです。見る側が想像できないこと。簡単に言うとハプニングが次々と起きていけば、人はチャンネルを変えられません。**「どうなるんだろう？」がずっと続けば、お客さんは目を離せなくなる**。考えてみれば単純なことなんだと思います。

つまりは、どれだけ〝興味〟を持ってもらえるかです。例えば朝のニュースみたいに、生活の中で何となく流されている番組もあります。みんな出掛ける支度に忙しくて、テレビは点いているけどずっと集中して見ているわけではありません。天気予報とか好きな芸能人の報道、緊急ニュースみたいに、興味がある部分だけを見ます。

そうした番組はそうした番組としてのニーズがあるけど、僕たちの作っているバラエティという番組の性質として、みんな「見たいから見る」っていうことがあるわけです。どれだけお客さんの興味を惹(ひ)いて、それを維持し続けるかが勝負なんです。

**嬉野　ずっと見続けるという状況をつくるために必要なのは、〝流れ〟**だと思います。

人間は、流れるものを飽きずに見てしまう性質があるように思います。だから「どうすれば面白くなるか」と考える前に、まずひとつの流れをつくることが大事なのだろうと思うのです。

例えば、私の実家の裏を小川が流れていましたが、ある日、その小川に模型の船を浮かべたとします。その船は動力の付いていない、ただ浮かぶだけの船でしたが、川の流れに乗ってそのまま川下へと流れて行きました。私はずっと遠のいていく船の後ろ姿を眺めていましたが、その影は、どんどん小さくなり、やがて私の視界から消えてしまいました。

次の瞬間、「さぁ、この船が、このあと幾日もかけて川を下り、海に出るまでの映像がすべてあります！」と言われたとしたら、私は何となく「見られるものなら見てみたい」と思ってしまうでしょう。そこに何の面白そうな仕掛けもないことはわかっていながらも、です。

そうして見始めると、船が危なげなく川の流れに乗って進んでいる姿が映り始めます。しばらく気持ち良く流れていた船でしたが、その先の橋桁に引っ掛かっていた流木に行く手を遮(さえぎ)られて、あっけなく進むことができなくなりました。「なんだ、これで終わりなのかなぁ」と思って眺めていると、数日して雨が降り始めたのです。その雨が一向に止まず、川の水かさがどんどん増していき、溢れる水に船は押し上げられて、なんと流木を乗り越えてまた川を進み始めたのです。

こういう流れを、人はついつい眺めてしまうはずなのです。でも、もし模型の船が流木に行く手を遮られたとき、誰かが良かれと思って川に入って、船をひょいと持ち上げ、人為的に自由にさせて、その先の流れに再び浮かべたとしたらどうか。

当然船は流れていくのですが、もうその先の顚末（てんまつ）に人は興味を持てなくなるはずなのです。**自然だった流れに、不自然なご都合主義的力が介入**したからです。意外に、人はそんなことで興ざめするはずなのです。

展開に無理がないうちは、人は、「この先どうなるのだろう」と期待感とともに見つめます。ところが、そこにそれまでの流れにはなかった不自然さが根拠もなく介入すると、見る人の期待感を一気に消してしまう。「え？　どうして？　なんであんなことするの？」と考えさせてしまう。そこで流れに乗れなくなり、見ているイメージとしてのテンポが落ちて、感情移入できなくなるのです。**流れに疑問を持った途端（とたん）、人の気持ちはその疑問に引っ張られて、本編からどんどん逸れていってしまう**のです。

## 〝振れ幅〟に人は興味を持つ

**嬉野**　**正しい流れは、〝振れ幅〟を否定しません。**

例えばある人の一生を15分に短縮して見せるという番組があったとします。それであれば、その人が誰であっても構いません。普通の人だとしても、みんな興味を持って最後まで見るのではないでしょうか。

人の人生は、不確定要素の連続です。無邪気な子どもだった頃の彼からは予想もできない大人になっていくのです。成長していく過程で、彼の前にはいろいろな選択肢が現れるでしょうが、どれを選択するのかは彼の気分次第です。次に彼は何を選択して、どう変わっていくのか。その大きな振れ幅を、人生は否定しないのです。だからこそ、彼がどんな大人になっても、その間の紆余曲折(うよきょくせつ)に、人は興味を持ってしまうのです。

同じように、バラエティ番組にも振れ幅が重要だと思います。**最初に着地点を決めてしまうと、一気に不自然な流れになってしまいます。**人間が好きなのは、「次はどうなるんだろう」という流れ。重要視しなければならないのはここです。だから**フィ**ニッシュを限定しないことが大事です。

人が何を面白いと思うのかは多岐にわたりますが、意外にしょうもない所から始まったりします。しょうもない所から始めると、見ている側にも大きな期待値を抱かせません。例えば道を歩いているだけ。そこから何かすごいことが起こるだろうと期待する人は少ないでしょう。「なんか歩いているな」「よくわかんないけど、なんか起こるんだろうな」といったくらいの期待値です。

だから作り手にもゆとりが出てきます。そのゆとりがあるから、その先で、実際に振れ幅が大きくなったときに対応できるのです。**最初から何か大きなことをしなければいけないと考えてしまうと、途中で拾えるかもしれない微かな選択肢を全部無視してしまうことになる。**面白さの種に驚くことを忘れてしまうのです。

## 興味を共感してもらう

**藤村**　そうした〝自然な流れ〟が崩されている番組ってたくさんあると思います。

例えば旅番組で観光地に行く。出演するタレントは、内心「大したことないな」って思っていても、「こんな所に来ました、すごく綺麗ですね〜」っていうところから始めます。別に興味もないのに、「じゃあ早速あのボートに乗ってみましょう」ってやる。次は「美味しいお店を探しましょう」って、すでにどのお店に行くのかは決まっているのに、探すフリをする。

これすべて、自然な流れじゃないんです。言い換えれば、〝つくられた流れ〟。作る側が「こういうのが自然だろう」って形を決めて、その通りに進められていくものです。**実際には、旅をして何が起きるかなんてわからない。そこに旅の楽しさはあるはずなのに、予定外の部分はすべて排除される**わけです。

人が何を見て面白いと感じるのかなんて、単純なことだと思います。修学旅行に行って、「次は清水寺ですよ」「次は大仏ですよ」って回っていても、そんなに面白くないでしょう。もちろん、もともと好きな人はいいんだろうけど、特に興味もない人が「うわっ！　清水寺ってきれいだなあ」とか「奈良の大仏、すげえ！」なんて言うことは稀（まれ）だと思います。

それよりも、**移動中にワイワイガヤガヤ騒いでいることとか、誰かが電車に乗り遅れちゃったりしたことのほうが面白い。**あるいはバスガイドさんの話が上手で笑えたり、学校では見られない先生の姿を見たり、そういう所に面白さを感じる。大人になって記憶に残っているのは、結局そうしたことでしょう。

それなのに、**仕事となるとみんなそうした自分の記憶を無視してしまいます**。旅番組だと、やっぱり「大仏」「清水寺」って修学旅行と同じことをやっている。どうやったら楽しくなるかじゃなくて、何を見せるかが仕事だとみんな思ってしまうんです。

僕たちの場合は、目的地よりも移動時間のほうに興味があります。単純に言えば、行先だけを決めているということが、「どうでしょう」の〝流れ〟です。深夜バスで札幌から福岡に行くんだとか（※5）、北海道の212市町村を回るんだとか（※6）、それだけで流れは出来ているわけです。

その道中に何が起こるだろう。そこに僕たちは興味があるし、お客さんもそうだと思います。福岡に行くことや212市町村を回ること自体に、誰も期待はしていないんです。「3日連続で深夜バスに乗るなんて、この人たちどうなるんだろう」「カードを引いて行先を決めるなんて、どんな展開になるんだろう」。**「この先どうなるんだろうか」という興味を、まず僕たちが抱く**。それをお客さんにも共感してもらえるように番組を作って、画面を通して一緒に旅をする。そんな番組が面白いと思うんです。

※5　「5周年記念特別企画　札幌～博多3夜連続深夜バスだけの旅（2001年放送）」。3台の深夜バスを乗り継いで札幌から福岡を目指した企画。立案者のミスターを騙してひとりでバスに乗せるという趣旨でスタートしたが、2日目の青森―東京間で途中下車がなく、ミスターの「やられっぷり」を撮影できず、当初の構成を大きく変更せざるを得なくなった。

※6　「北海道212市町村カントリーサインの旅（1997年放送）」。北海道の市町村のカントリーサインが印刷されたカードを引き、その市町村へ移動。そこでまた抽選を行い、次の目的地へ向かうという企画。これまでに2シリーズが放送されているが、「このままのペースで行くと、あと30回ロケをしなければならない」という理由から完結宣言が出されている。

## 設計図を書いて破り捨てる

**藤村**　とはいえ、もちろん僕たちも単に行き当たりばったりでやっているんじゃなくて、ある程度の計画はあります。例えば海外に行くという企画があったら、どんな交通機関で移動するのか、何時にどこに集合して、どんな場所に行くのかといったことも、もちろん決めておきます。言ってみれば、修学旅行のしおりを作るのと同じです。

ただ、修学旅行なら「次は奈良の大仏を見に行きます」ってしおりに書いてあれば、必ずそこへ行くわけですけど、僕たちは**大仏よりも面白そうなものがあるとなったら、迷わずそっちに行きます**。疲れちゃったら、休んでもいい。時間通りに動く必要もないんです。でも、何かしらの基準がなければ動けないから、しおりを作っているだけのことです。

目的は順番通りにコースを回ることではなくて、その中で面白いことを見つけることです。「北海道212市町村カントリーサインの旅」で、いざ撮り始めたらスケジュール的に明らかに無理だし、そもそも何のためにやっているのかわからなくなってなりました。でもそれでいいんです。企画を考えたミスターの目的は212市町村を回ることじゃありません。ランダムにカードを引いて遠くの町が出てしまったら、徹夜で車を走らせてその町へ向かう。やっと着いて、次のカードを引いたら元来た町の隣町のカードだったのでまた戻る。その流れを当事者の僕たちが面白がっていられればいいわけです。

そういう話をすると、「よくそんな勇気ありますね」って言われます。行った先で面白いことが本当に起きるかどうかなんてわからないのに怖くないのか、っていうことだろうけど、僕たちは**「撮れ高」っていうものも気にしないから怖くありません。**

「これ3週分ないよ。まずいよ、放送に穴が開くよ」って言われても、別に穴が開いたっていいじゃないかと思っています。**穴が開くよりも、無理矢理撮れ高を稼いで、面白くないものをダラダラと流すほうが、お客さんを裏切ることになってしまいます。**

そこまで説明すると、みんな理解できます。「そりゃあそうですよね」って。でも実際自分で仕事をする段になるとそうはなりません。やっぱり、最低限の見かけだけは整えなきゃいけないと考えてしまう。それがおかしいことだと思えているならまだいいけど、いつの間にか見た目だけの仕事に満足するようになってしまう人もいるんじゃないでしょうか。

**何かを作るのに設計図は必要です。でも実際にやってみて、それが違うとなった**

**らすぐに破り捨てればいい**んです。

**嬉野**　「ジャングル・リベンジ（※7）」のとき、大泉君が次はもっと荒々しい、例えば闘牛みたいなものがいいと言い出して、最終夜は「来年はスペインの牛追い祭りでお会いしましょう」ということで終わりました。

じゃあ計画しましょうと考えたときに、海外だし、「牛追い」はさすがに危険なので、そのときばかりは「どうでしょう」史上唯一のロケハンに行きました。そうして現地に行ってみると、想像よりはるかに危険だということがわかりました。それで「牛追い」をもじって、西表島（いりおもてじま）に「虫追い」に行くことになったのです。

実際に西表島に行ってみると、ロビンソン（※8）という強烈な個性を持ったガイドに出会いました。藤村さんが虫追いのことを話すと、「虫は面白くねえ」と言います。西表島にはほかに面白いものがたくさんあると言うから、藤村さんはすっかり乗り気になって、「西表島の魅力をロビンソンが紹介する」ということになりました。

それから巨大うなぎを獲ろうということになり、仕掛けの餌になるカエルを捕まえるんだと、夜通しロビンソンに連れ回されて島中を車で走りました。でもその夜に限ってカエルが1匹も見つからない。うなぎを獲るのがメインだったはずなのに、餌のカエル探しで時間を取られて寝られない。

スケジュールは大きく狂ってしまっているのだけれど、現場の振れ幅を大事にする藤村さんは、すっかり面白くなっています。「巨大うなぎよりこっちのほうが面白い」とばかりに、突然入ってしまった「カエル探し」という枝道から出ようとしない。

**〝いま何が面白くなっているか〟**。この辺の選球眼が「どうでしょう」を並の旅番組にしないところだと思います。ガイドの雇い主であるテレビ局の人間が、「遅くなってきたので、今夜のところはこのあたりでやめておきましょう」と一向に言い出さないものだから、プライドの高いロビンソンは、どんなに疲れていても自分から「やめさせてくれ」とは言わないのです。とにかく血眼で探している。そんな必死の表情のロビンソンを見て、藤村さんはますます面白くなってしまっているから、「やめる」なんて絶対言わない。もはや全員が「言ってやれよ」と思っているのに、彼は絶対に言わない。

恐らくロビンソンは、そんな常識外れのテレビ番組がロケに来ているとは思っていません。だから自分が必死になっているこのカエル探しが、番組のメインになっているなんて夢にも思わない。でも藤村さんを始めとしたどうでしょう軍団全員は、「あぁやっぱりこのカエル探しがメインなんだな」と納得するから、宿に帰るのを諦める。

結局、ロビンソンはやっと2匹のカエルを捕獲しました。でもそのあとも、面白くなっちゃってる藤村さんは「やめよう」と言わない。だからとうとうロビンソンは計画表の通り、「じゃあ、次、小魚取ろう」とわれわれを案内する。それで夜中の1時過ぎから「小魚取り」を始めることになる。ロビンソンは孤軍奮闘、2度も魚を追い込んで川の中を走り回ったけれど、1匹も獲れない。さすがのロビンソンもバテてしまい、「ロビンソンもう疲れちゃったよ」と弱音を吐いたところで、その夜のロケはやっと終わりました。

修学旅行で大仏を見るはずだったのに、途中で道に迷ってどんどん道幅が狭くなってきて、みんなで「どこに行くんだこれは！」と大盛り上がりした、みたいなことになったわけです。この夜、ものすごい振れ幅を藤村さんが受け入れたからこそ、われわれは予想もしなかった風景を見ることができたのだと思います。

最初は、虫追いでフィニッシュまでいくと設計していたのです。確かにそんな旅もイメージできます。南方の島で、巨大な虫がいて、それをワーワー言いながら捕まえようとする大泉君やミスターの絵も浮かんできます。お客さんも、番組を見ながらそういう準備をしていたはずです。けれど、そこを現地ガイドに覆されるという大きな振れ幅が出た。「牛って言ってたのが虫になったんで西表島まで来たけど、虫でもないって言ってるよ?」「マジか?」。**その場にいたわれわれの気持ちが、そのあと番組を見るお客さんの気持ちになっていく**わけです。

「牛追い」から考えたら、もう企画の痕跡もありません。振れ幅という概念すら飛び越えているほどの振れ幅です。だけどそれでいいのです。**現地のコーディネーターが「虫は面白くない」と言っているのに、それでも虫を追うということのほうが不自然**だろうという発想です。現地の人間が「もっと面白いものがある」と言うのなら、「じゃあそこに行ってみる」と進路変更するのは極めて自然なことです。当然お客さんも不自然には感じません。この企画はロビンソンの濃いキャラも相まって、結果的に人気企画になりました。

「こうした舵取りを実際に現場でできる人は少ない」と藤村さんは言っているのだと思います。振れ幅を恐れず面白くなっている波に乗っていく。そこがもっとも重要な所なんだと、藤村さんは言う。設計図を破ることができないと思ったとしても、そのことを胸に留めておくだけでもだいぶ良くなる、ということなのでしょう。

※7　マレーシアのジャングルの中で野生動物の観察を行った「マレーシアジャングル探検（1998年放送）」。その過酷さから全会一致で「もう二度と行きたくない場所」となったが、6年後に「ジャングル・リベンジ（2004年放送）」で再び訪れた。大泉には「シンガポールでサッカー観戦をしたあとにアンコールワットに行く」と伝えられてスタートした。

※8　「激闘！　西表島（2005年放送）」で登場した現地観光ガイド。「ロビンソン小屋」という宿屋を経営していることから、この通称で呼ばれるようになった。真夜中までメンバーを連れ回したりするなど、存在感を見せつけた。

# 自分たちが〝面白い〟と思えるかどうか

## 「見せ方」から考えるとうまくいかない

**藤村**　旅の行き先を「いま世間であそこが面白いって言われてるから」って決めることは絶対にしません。４人のうちの誰かが、**本気で「行ってみたい！」って言っているなら行けるけど、それがなければ何のためにやっているのかが、よくわからなくなってしまいます**。

逆に、「なんで今更そんな所に行くの？」というような場所でも、そこに行きたい人がいるから行くわけですから、無理がありません。最終的に、お客さんにどのように見せれば興味を持ってもらえるだろうかと考えることは大切だけど、その前提というか、**大事にしなければいけないのは、自分自身が興味を持てるかどうか**。そこに尽きるのだと思います。

「72時間！　原付東日本縦断ラリー（※9）」は、ミスターが「カブは燃費が良い。1リットルで100キロも走るらしいですよ」って言い出して、札幌からどこまで行けるかやってみようというところから始まりました。

でも、よくよく考えたら、100キロ走れようが、50キロで終わろうが、別に興味はないわけです。ラストシーンがガス欠というのも締まらない。それよりも、いっそのことカブで東京から札幌まで走ったらどうなるだろう？　それも、ほとんどバイクに乗ったことがない大泉君が運転したらどうなるだろう？　っていうほうに興味が湧いたわけです。

こうした番組の場合、ロケ車が先に走って、ちゃんと通れるかどうかを確認しながら目的地へ先導していくやり方が普通だと思います。でもそうすると僕たち自身に何の興味もなくなってしまいます。マイクとトランシーバーを付けた2人を先に行かせて、「次、右に曲がるの？」「え？　ちょっと待って。そうだな、右に曲がろう！」「ちゃんと調べておきなさいよ！」みたいに進んでいったほうが、断然興味が湧いてくる。

**自分たちが面白いと思わないことに対して、人が「いや、あれ面白かったですよ」と言ってくれる可能性って非常に低い**と思います。もちろんたまにはあるけど、お世辞が入っていたりします。これはどんな仕事でも同じではないでしょうか。いろんな番組を見ていても、「これを作ってる人、本当に面白いと思ってやっているのかな?」ってよく感じます。面白いかどうかではなく、納期に間に合わせるためにやっている人は多いんじゃないでしょうか。「どうでしょう」の場合、納期は二の次、三の次です。僕たちが面白いと思えるかどうかが第一なんです。

※9　1999年放送。「原付シリーズ」の第1回目となった企画。東京から札幌まで72時間以内にたどり着くべく、タレント陣が「スーパーカブ」で走る。

**嬉野**　大泉君は企画内容を知らないまま銀座に連れていかれて、番組からのお礼でミスターが好きな物を買ってもらえるということを聞かされました。それが何なのか大泉君は知らないのだけれど、「あなたも欲しい?」と聞いたら「そりゃあ、欲しいよ」と言うから、カブを2台買いました。大泉君は乗ったことのないバイクに乗らないといけなくなって、その場で少し練習して、いきなり銀座の街中を走り出して新潟に向かうわけです。

カブといえば、郵便屋さんとか、新聞屋さんとか、おそば屋さんとか、街中で見かけるイメージです。その日常的な乗り物が、街を出ても引き返さずに、田舎道、山道と、どんどん非日常の風景の中へ分け入っていくのです。雨が降り出す。カッパを着る。２人が濡れながら運転するカブが峠道を越えていくのです。

いつしか、日常のものだったカブから旅情が漂っている。それを東京の銀座から延々ロケ車で追い掛けて見続けているわれわれは、この辺りに来て大冒険の予感がしてくるのです。この２人はこの先どうなっていくのだろう。素朴にワクワクしてくるのです。

群馬県の高崎まで来て休憩すると、名産のだるまが売っていました。それを大泉君が買ってカブの荷台に積んでみた。前を走るカブを運転するタレント２人の顔は見えないけれど、**荷台に積まれただるまの顔がずっとこっちを見ていて、大泉君がしゃべる度に、だるまがしゃべっているように見えてくる**。それを後ろから追っているわれわれが面白いと思い始めてしまった。そこに藤村さんは流れを見つけて、行く先々の土地で名物を買うことになるわけです。秋田でなまはげのお面を買い、ミスターが背中に背負った。新潟ではお米も買って積んで走った。振れ幅を否定しない藤村さんは、現場現場で湧き出している流れを見つけたときには、もうその流れに乗って笑っている感じです。作り手が現場を楽しんでいないと、きっとお客さんにすぐばれるでしょうね。

## 必死に探さなければ見つからない

**藤村**　もちろん、自分が楽しんでいるだけじゃだめで、一歩引いた所から撮っていかなきゃいけません。無理矢理面白いものを作ろうとはしないけど、**どうしたら面白いものを見つけることができるだろうというのは、常に冷静に考えています**。それでも面白くなりそうもないなと思ったら、もう黙っているしかありません。「アメリカ合衆国横断（※10）」では、宿泊したホテルからさあ出発しようというときに、ミスターが車のキーを閉じ込めてしまいました。行程的に遅れていたし、普通だったら「早く何とかしてくださいよ。どうすんのよ」ってなってしまいそうなところだけど、僕たちは**せっかくだから突っ込む**わけです。

ミスターが動揺しているうちに急いでカメラを回して、大泉君が「それではご紹介いたしましょう。インキーマンの鈴井さんです」なんて言う。「普通しないですよね」「どうしてエンジンかかってるのに中に入れないんですか？　この車」って容赦なく責め立てるから、ミスターは思い余って土下座する。そのあとホテルのフロントにロードサービスを呼んでもらって、来るまで部屋で待機してようと思ったら、今度はホテルの部屋の鍵までミスターが閉じ込めてしまっている。「おい、インキーにインキーか？　死ぬ気か？」。大泉君がまた責め立てる。すると、そのあとの旅からミスターの言動がおかしくなっていく。

以前大泉君も言っていたことだけど、**何も決めていないから、僕たちはそれはもう必死に面白いことを探しています**。ディレクター陣は常に俯瞰的に見ていて、「こうしたほうが面白そうだよね」って言う。それにタレント2人は反射的に反応して、いろんなことを飲み込みながら自分たちでやっていく。そうやってみんな頑張っているわけです。

「いつも面白いガイドさんに出会いますね（※11）」ってよく言われますが、それは間違いです。ガイドが付くとなったら、僕たちは全員でこの人はどういう所が面白いんだろうと探して、そこを突いていくわけです。だからお互い笑っちゃって、ガイドさんたちも旅の最後で「こんなに楽しいのは初めてだ」って言ってくれる。普通であれば、ガイドさんに全部お任せしてしまうでしょう。「次はどこに行くと面白いんですか?」って聞いて、そこに行くだけ。ガイドをいじくろうなんて気持ちはまったくないと思います。僕たちは**ロケのすべての時間とすべての場所の中から面白いものを探してこなくちゃいけない**から、ガイドのちょっとした失態でさえも、「来たね!」って見逃しません。そこに確かな予感があるというわけではなくて、全員必死に探しているんです。

※10　1999年放送。アメリカ西海岸のサンフランシスコから東海岸のワシントンまで、約5000キロにわたる距離をレンタカーで旅する企画。「インキー事件」のほか、「カジノ騒動」、「大泉の嘔吐」、「UFO遭遇」など、数々の事件が起こった。

※11　前述の「ロビンソン」のほか「どうでしょう」には、たくさんの名物ガイドが登場する。「北極圏突入~アラスカ半島620マイル~(1998年放送)」では日本語が上手でだじゃれまで言う「ナップさん」、「ユーコン川160キロ~地獄の6日間~(2001年放送)」で大泉へのモノマネのフリに気を取られてキャンプ地を見逃した「熊谷さん」など。

**嬉野**　はぁ、いまの藤村さんの「それでも面白くなりそうもないなと思ったら、もう黙っているしかありません」というのは、なんか重い発言ですね。メモしとこう。私は**ロケの間中、ずっとカメラを回しています**。移動の飛行機の中でも、宿の中でもずっと回している。特にカブの旅では「だるま屋ウィリー事件（※12）」以来、本当にまったく、カメラを止められなくなってしまいました。東日本から始まったカブの旅シリーズも、最初は長距離を運転することに2人とも精一杯だろうからということで、そんなにトークもしない感じだったのです。だから道中はそんなにカメラは回していませんでした。

ところが赤信号でカブが停止する度に、「お尻痛いですね」などと2人が話し出すものだから、私は信号停止になるとカメラを回していたのです。だるま屋ウィリー事件も、工事中の信号が赤で2人は停止していたのです。だから、私は、たまたま回していたのです。そしたらそのおかげで撮れちゃった。**ああいう決定的なものを撮ってしまうと、もうカメラを止めることができなくなりますね。**

※12　前述の「72時間！　原付東日本縦断ラリー」で起きた事件。工事現場の

信号待ちをしていた大泉は、青信号と同時にスロットル全開でスタートしようとしたが、ギアがニュートラル状態で動かなかった。そのままギアを1速に入れたことで急発進し、ウィリー状態で前方の「安全第一」のバリアに激突。「動かないからアレ?と思ってギアいじったっけ、ロー入っちゃって、もうウィリーさ」は番組史に残る名言となった。

# 「水曜どうでしょう」というビジネス

## 「やりたいこと」と「稼ぐこと」

**藤村**　どんなに自分のやりたいことをやるっていっても、商売である以上、やっぱりお金を稼ぐ必要があります。**「楽しいことだけやっていればお金なんかいらない」なんて言う人がいますけど、それは他人を不幸にします。**どんな仕事も、お金を儲けないと長続きさせられません。自分は良くても、周りは付いてこない。心意気だけで人間関係が続くかっていうと、そうではありません。一度タダでやってもらったとなったら、次もタダでやってくれよということになってしまいます。逆に相手は当然、前回タダでやってやったんだから、次はちゃんと払えって考えています。

**人間関係を成り立たせるためにお金が必要だということは当たり前**です。「俺はこいつに面倒を見てもらった。じゃあお返しをする」という、当然のギブ&テイクが必要だっていうだけのことです。

でも一方で、**お金を稼ぐことだけが目的じゃありません**。「お金のためにはやらなきゃいけない」という判断で仕事をすることはないんです。このメンバーでずっと「どうでしょう」をやるためにはこれくらいを稼がなきゃいけないとは考えるけど、面白いものを作ればお金も付いてくるはずだと思っています。いままでそこが矛盾したことはありません。あくまでも面白い番組を作るっていうことの先に、お金がある。

ただ、番組の中ではわざと「金、金」って言っているところがあります。例えば精神的に参っている人たちに、『「どうでしょう」を見て助けられた。ありがとうございます』って言われるようなことがあります。そのときに「僕たちは君みたいな人を助けたいからやっているんだ」みたいなのじゃなくて、「いや、金のためにやっているから」って言ったほうが、彼らは救われるんじゃないかという気もするんです。

**嬉野**　こんなことを言ってどう受け取られるかわかりませんが、**われわれみたいなテレビマンはほかにいない**のではないでしょうか。

いま、われわれは北海道テレビのコンテンツ事業局という所に所属しています。ここはDVDの制作など、放送外収入に特化しようと新しく作られた部署ですけれど、なぜこんな部署がつくられたかといえば、それはつまり、「どうでしょう」が放送したあとにも商品価値を失わない番組だったからです。

DVDを始めとする関連商品を生み出し、さらなる収益を生み続けるコンテンツであることを明らかにした。これは広告料だけを大きな収益の柱にしていたテレビ局にとっては、驚嘆（きょうたん）すべき発見だったはずです。

いまでこそ「どうでしょう」は全国区で知られるようになりましたが、思えば最初にDVDを出すときは、まだまだ北海道ローカルの知る人ぞ知る一番組という感じでした。

ただ、1999年頃からは、系列局へ番組を販売することで、すでに北海道外でも放送され始めていました。われわれは、当時まだ走りだったインターネットを使い、番組ホームページの掲示板などを通じて、直接、視聴者と一対一に近いコミュニケーションを日常的に行って、関係を密にしていました。

そんなやり取りの感触を元に考えて、DVDを出せばきっと3万枚は買ってもらえるんじゃないかという推測をしていました。1枚4000円ですから、もし3万枚買ってもらえれば億を超える商売になるということに驚きました。

もちろんDVDの売り上げで3万枚というのはいまでも大きな数ですけれど、札幌でも、その頃すでに200万人近い人口だったのです。テレビ視聴率を考える場合、われわれが相手にするのはこの200万人です。それがDVDを販売するとなった途端、**3万人を相手にするだけでいい**のだと思えてしまったのです。200万が3万に減ったと思った瞬間、「なんだ。ということはつまり、これからわれわれは**顧客商売を始めると考えればいい**のか」と、何だかうれしくなったことを覚えています。

DVDを売るときも、また200万人という途方もない規模の人たちに向けて売らなければならないのだとしたら、「どうでしょう」を知らない人も驚くような宣伝を考えなければならなくなるのです。でも、もうそれはしなくていい。これからは、すでに「どうでしょう」を知っている、われわれが面白がることに対して共感してくれるお得意さんたちに向けて商売をしていけばいい。つまり、**人付き合いの**

**延長線上で商売を考えていけばいい**のだと合点がいったのです。

## 「水戸黄門」の印籠が最強

**藤村**　ビジネスとして「どうでしょう」を見たときに、最初から、長期にわたってお金を稼ぎ続ける方法を何となく考えてきました。「どうでしょう」を作って2年目くらい、「サイコロの旅（※13）」を3回やったときに、嬉野さんが**「水戸黄門が最強ですよ」**っていう話をした。それはすごく納得できました。「サイコロの旅」さえやっておけばどうにかなる。そうした「『水戸黄門』の印籠」みたいなものがいちばん強いんです。

**商売の成功とは、多くの人に買ってもらうことではなくて、同じ人に長く買い続けてもらうこと**だと考えています。15年以上ＤＶＤを買ってくれるお客さんがいる。結構な額になると思うけど、その数を拡大しようとしなくても、20年、30年買ってくれれば、それで商売は成り立つわけです。

１００億円稼ぐ必要なんてなくて、関わる人それぞれが不自由なく生活できればそれでいい。僕たちはユニクロやマクドナルドを作りたいって思っていたわけじゃないんです。日本のいちばん北にある北海道の、札幌という地方都市でも、「何か流行る店を作れば俺たちは暮らしていけるもんね」「それでいいよね」みたいな感覚です。

すごく美味しいパンを作って、お客さんからすればどんどんお店を増やしていけばいいと思えるのに、絶対にそれをしないというようなお店がありますよね。でも口コミで広がって全国からお客さんが来る、みたいな。それと同じです。**自分の面白いと思うものを突き詰めていった結果、老舗(しにせ)になる。**そうすれば「どうでしょう」そのものが印籠になるんだと思います。

※13 「どうでしょう」を代表するシリーズのひとつ。その場所、時間に乗車可能な交通機関と行き先や、宿泊地がリストアップされ、その後の行動をサイコロで決める。どこかでゴールに向かうアタリを引き当てない限り、ロケの時間切れまで延々と移動し続けなければならない。いままでに6シリーズ放送されている。

**嬉野　物語の流れが「水戸黄門」みたいに〝ワンパターン〟だと、視聴者は物語の見方に迷いがなくなる**のです。

「この番組、行き先も決めずにサイコロを振って思いもよらない土地に行くんだよ」

「着いたらまたサイコロを振るんだよ」

「とにかくこれを儀式みたいに目的地に着く度に繰り返すんだよね」

「あとはひたすら乗り物に乗って、『辛い、辛い』と嘆いたりぼやいたりしているんだよ」

「でもこの番組は、そのぼやいている時間が実はいちばん楽しいんだよ」

番組の流れが毎回ワンパターンだからこそ、番組の流れに不自然さを感じることがなく、テンポが落ちない。お客さんはついに流れを先回りし始めて、深夜バスの目が出る瞬間を心待ちにするようになる。そして毎回繰り返されるバスの乗り降りのシーンに期待感を高め、興奮さえ覚えてくる。「『水戸黄門』の印籠」のような、一種の条件反射です。

このように、**ワンパターンであるということは、ツボにはまれば人間の生理に強く訴えかけて中毒症状を引き起こし、商売をすこぶる有利に導きます。**

一方、ロケに出るわれわれとしても、「サイコロを振る→行き先と乗り物が決まる→ひたすら乗り物に乗る→またサイコロを振る」という決まったパターンがあります。だから旅の途中に突発的に面白い事件が起きなくても、迷うことなくサイコロを振ってはサイコロの目に翻弄(ほんろう)されながら、旅は軽快に進行しているように見せることができるわけです。

この流れが番組の柱です。昼間の車内で面白いトークが出れば番組は盛り上がる。疲れ過ぎて盛り上がらなければ、サッサと寝てもらって寝顔を撮って、あとは車窓に流れる景色を撮れば旅情も出てくるのです。そして夜となれば、深夜バスで一睡もできずに移動。翌朝目的地に到着して、２人がバスから降りてくる所が最大の見せ場になる。そのことを**４人全員が了解しているし、何よりお客さんが了解している。**

だから打ち合わせも解説もいりません。もしわれわれのその撮影の様子をほかのテレビ関係者が眺めていたら、誰もがもの言わぬままに、まるで職人芸のように一糸乱れぬフォーメーションでそれぞれの持ち場についていく、その状況に驚き、感動さえするのかもしれません。

バスを降りたあとは着いた場所がわかるような看板の前へ移動して、昨夜どのように一夜を過ごしたのかと、もうひと盛り上がり。全員、寝苦しい長い夜を体験しただけに、ネタも豊富に拾っている。それもなければ「特になし!」ということで、またサッサとサイコロを振ればいい。

そうしたワンパターンの流れがお客さんを含めたみんなの了解事項になり、深夜バスが「『水戸黄門』の印籠」みたいに思えてくると、最後にはとうとうサイコロを振ることもやめて、ただ深夜バスに乗り続けるだけという企画まで作ってしまいました(前述の※5、84ページ)。タレント2人だけをバスに乗せ、われわれディレクターは別の車でバスを追走しながら撮影したので、カメラにはタレントすら映りません。タレントの声も聞こえない。テレビ画面には深夜バスの後ろ姿ばかりが映っている。ただ時折バスの中から携帯電話にメールが送られてくることで、タレントの状況がかすかに伝わってくるという展開です。

番組が始まってわずか3年でこんな斬新なものを作っていたのかと、改めて思い返し、その大胆さに我ながら驚愕(きょうがく)することもありました。こういうチャレンジも、奇をてらってやったわけではありません。**番組を作っている中の自然な流れ、当然の流れとして、「こういうことしたら面白そうだよね」と行き着いた境地**なのだと思います。

われわれは、番組を作ることが仕事であるテレビ局にいて、「自分たちが面白いと信じること」をやり続けてきたのです。その流れの中で出来上がった番組を、さらに流れに乗せ続けてきました。気付いたら、**番組自体をビジネスにしてしまっていた**のだと思います。それもまたわれわれが日本で初めてたどり着いた境地なのだと思います。

# 第4章　仕事をするのは「自分」

# 「どうでしょう」が面白ければいい

マーケティングなんかいらない

**藤村**　**「自分たちが面白いものを作ればいい」と言うと、客観性に欠けるのではないか**と考える人もいると思います。でも、周りの意見を気にし過ぎると、自分が面白いと思っていることをだんだん見失ってしまいます。

例えば社内に、「最近番組が面白くないというメールが来てるんですけど、ちょっと問題じゃないですか？」みたいなことを言ってくる人がいます。「君は？」と聞くと「いや、僕じゃなくて、こういう意見が来ているんです」って言う。「そうじゃなくて、君自身はどう思うんだ」とさらに聞いて初めて、「僕は面白いと思うんですけど」って答える。

じゃあなんで他人の意見だけを僕に言うのかという話です。ただ「問題だ」「このままで大丈夫ですか」と言っているだけで、それ以上の話ができません。そこに「なぜその人がそう考えたのか」がないと、何もわからない。多くの批判的なメールにはそれが含まれていません。

他人の意見を無視しろっていうことではなくて、自分の意志をしっかり持った上で捉えなければいけないってことです。ほかの仕事でも同じだと思うけど、**何かを判断するときに自分の考えを土台に置いていないと、根本的な部分が揺らいでしまいます**。

ほかの人が編集したものを見てくれって頼まれるときがあるけど、何を見せたいのかわからないものもあります。だから「で、お前は結局何を言いたいの?」「何となくは見られたけど、結局これは何のために撮ったの?」って聞きます。すると「いや、だいたいこんな感じかなと思って」って答える。そんな人に「じゃあ、どこを直せばいいですか?」って言われても、根本的な考えがハッキリしていないから答えようがありません。

**「より良いものを作るためには他人の意見を聞くのが大事」ってみんな普通に思っ**

**ているけれど、そこにはいちばん大事な判断を他人に任せて、自分は何も考えなくなってしまうという危険性があります。**「こういうときにはこんなテロップを入ればいい」「だいたいこんな効果音が入ってる」そんな感じで作られたものには、意見のしようがありません。

嬉野さんは、「僕はこう思うけれど」って、まず自分の考えを言ってきます。僕は嬉野さんという個人もよく知っているし、本人が本当にそう思ったんだとわかるから、話ができるんです。「なぜそう思いました?」「だってあそこはこうだから、僕は違うと思います」っていう会話が成り立つ。

逆に僕が面白いと思ってる所を、「藤やん、ここはちょっと長過ぎないかい?」って言われて、「ああ、確かに」っていうこともあります。僕だって自分の考えだけを通すわけではなくて、言っている本人がちゃんと考えていることであれば聞くんです。そうして考えてみたら、自分が勝手に面白いと思っていただけだな、ということはもちろんある。

ただ、それも2人いれば十分です。より多くの人たちの意見を考慮する、いわゆる**市場調査やマーケティングみたいなことをする必要は、僕たちにはない**と思っています。マーケティングによって出されるデータに、とても興味はあります。世の中の流れがそれによってわかるから。でもそれを参考に、「世の中のニーズに合ったものを作ろう！」とは思いません。マーケティングで「これが必要だ」と結果が出たなら、「それを作りたいと思っていた」っていう人が作るのがいちばん良い。それは僕たちがやりたい仕事ではない、というだけです。

**嬉野**　**周囲の意見を聞かなくても結果を出してこられたのは、2人だったから**かもしれません。「これがベストだ」と思って作って、それに同意してくれる人がすぐ横にいる。だったらこれで間違いない。単純なことなのです。

仲間内だけでやっていていいのかと思われるかもしれませんが、私も藤村さんも嘘や妥協はないということを絶対的な共通認識として持っています。仲が良いからということを言えないとか、文句を言うと仕事がやり辛いから反対しないということは絶対にありません。そんなことをしてしまうほうが、よっぽど関係性を悪くします。

その前提を踏まえた上で、**2人が揃って「面白い」と考えるものは、たいていみんなが面白いと思うものである**はずです。私と藤村さんは、まったくと言っていいほど正反対な気質の2人です。その2人が揃って「面白い」と言うのなら間違いないのです。

広く世間に向けてマーケティングしたりリサーチしたりして数字を欲しがるのは、多くの場合、その仕事の中身に興味がない人たちを説得するためでしょう。意外に思われるかもしれませんが、モノ作りの現場の近くには、**中身に興味のない人が多いのです。興味がない人がいちばん好きなのが数字であり、また、そんな人たちがいちばん弱いのも数字**なのではないでしょうか。中身ではなく、数字の大きさに参り、黙ってしまうのです。それは肩書きに弱いのと同じ理屈です。

そうした数字は、面白さに対する直接的な意味を持たないとわれわれは思います。われわれは誰よりも「どうでしょう」の中身に興味があります。だからマーケティングもリサーチもいらないのです。

## 面白いと思わないものを作っていいのか

**藤村**　商品開発とかで、ライバルに勝つために他社製品を分析する手法があります。僕たちはそのやり方もしていません。**ほかの番組と比べたり、人気番組がなぜ面白**

**いのかと考えて、自分たちの番組に反映したりするということは一切しない**んです。これは一概にどっちが良いかって話ではないと思いますけど、「面白いことをやる」じゃなくて、「テレビ番組を作る」っていう考え方でやっていると、「ほかはどういう番組を作っているんだろう」って気になるのだろうと思います。

前に、元日本テレビの土屋敏男(つちやとしお)プロデューサー(※14)と話をする機会がありました。土屋さんと言えば「電波少年」です。家庭用ホームビデオを使って、ディレクターがドキュメンタリー的にバラエティ番組を撮影する手法の先駆的な存在です。

僕が「なんであんなやり方をしたんですか?」って聞いたら、ひと言、「面白いと思ったから」って。じゃあいまは何をやっているのかって聞いたら、VR(バーチャル・リアリティ)の分野にすごく興味があるって仰っていました。

結局それだけなんだと思います。土屋さんも、**自分が面白いと思えるものをやっているだけで、テレビ番組を作っているっていう意識がない**んです。「どうでしょう」のこともよくご存じで、考え方一緒だよって仰ってくださいました。

僕たちの考え方を簡単に例えると、こういうことです。

新しいグラスを作ることになったとします。みんな、「じゃあどんなグラスを作ろうか。いまはモダンデザインが流行りだから、そこから考えるか。あるいは次はシンプルなデザインに流行が戻るんじゃないか」みたいに考えるのだと思います。ある意味、当然のことです。

でも僕たちの場合は、いきなり**「グラスじゃなくて皿を作ってもいいんじゃないの？」**って考えるわけです。「だってグラスは十分に持っているし、それよりもいまはおつまみを乗せる新しい皿が欲しいよね？　そもそも誰がグラス作れって言い出したの？」みたいな考え方からスタートして、結局は自分たちが作りたい皿を作り出すっていうことになる。

そのときに、**自分たちが作り出す皿の魅力を、自分たちがわかっていないといけません。**自分たちは滑らかな肌触りのお皿ではなくて、ゴツゴツとした皿を作り出すことに長けている。こういう皿は酒の横に置くのがふさわしい。そうした狙いを忘れてしまうと、「ほかの皿にくらべて重い」って言われたときに、「じゃあ軽くしなければ」っていう発想になってしまう。そんな意見は気にする必要ないんです。そもそもそういうつもりで作っていないんだから。

**「世の中で求められているもの」を作り出そうっていうことは、一切考えたことがありません。**自分たちが絶対に面白いと思うものを作れば、良いものが出来上がるんだという確信があります。グラスを作れって言われたのに、それを無視して皿を作った奴がいる。どんな皿だろうって思うじゃないですか。やれと言われたことを無視するほどの思いで作ったわけですから、おのずとクオリティも高くなるはずなんです。

※14　バラエティ番組「電波少年」シリーズの「Tプロデューサー」として知られる。ほかにも「とんねるずの生でダラダラいかせて!!」「ウッチャンナンチャンのウリナリ!!」などのヒット番組を担当。

**嬉野**　以前、萩本欽一（はぎもときんいち）さんとお会いする機会があってお話を伺いました。萩本さんがまだまだ本当に駆け出しの頃、とあるテレビ番組のディレクターとのスタジオ収録の打ち合わせで、コントの台本を渡されたそうです、萩本さんにとって初めてのテレビ出演です。

ところが萩本さんはこの台本がまったく面白いと思えなかった。そこで「あのぉ、ここに書かれているコント、これをやるんですか?」とストレートにディレクターに問い掛けたそうです。するとディレクターは、「やるんだよ」とうるさそうに返した。でも、萩本さんはやっぱり納得いかないから、またストレートに聞いたそうです。「これ面白いんですかね?」と。

そう言われて、そのディレクターも口ごもった。どうやら彼も面白いとは思っていなかったのですね。「まぁ、そんなに面白くはないけど、でもな、テレビなんて、こんなものなんだよ」と、面倒くさそうに答えた。それでも萩本さんは納得いかないから、さらにストレートに聞いた。「でも、**面白くないと思っているのに、それを敢えてやるってことでいいんでしょうか?**」。

さすがにそこまで言われて、そのディレクターもドキッとしたらしく、しばらく黙っていたそうですが、「そうだな、確かにそれだと、なんかおかしいな」と考え始めた。そして「じゃあお前、何か面白いこと書けるのか?」と聞いてくるから、「書けますよ」と、萩本さんが台本を書き直したのだそうです。

それは、**世の中の仕事を「そういうものなんだ」で飲み込もうとしていた**ディレクターを、駆け出しの頃から自分の思いに正直だった萩本さんが、もう一度自分の頭で考える人間に引き戻した瞬間だった。そう思えて、私は感動したんです。

ただ、このように、聞いていると当たり前に思えることが、実際は、できそうでできないことなのだと思うのです。社会の中で、他人の前で、どこまで自分に正直でいられるか。自分が面白いと思えないものが仕事として目の前にあるとき、それを仕事と割り切って飲み込むのが楽なのか。それとも、これではダメだと思っている自分に正直を通すのか。**仕事を我が事にできるかどうか**は、そこの受け取り方の違いではないかと思うのです。

# 判断基準は自分自身

## これがベストだと思えば人の意見はいらない

**藤村**　**自分の考えで仕事をするってことは、「どこまでやるか」も自分で決めるってこと**です。でも、その仕事を「やり切った」って言えるのか、それとも「もっとやったほうが良かった」のか、自分では判断しづらい。それよりも上司に「これをやれ」「何時までにやれ」って言われたほうが楽なんです。自分で判断しなくていいから。最終的にすべての責任を上司になすり付ければいい。

若い頃は、それでいいんです。でも経験を重ねて、**仕事を任されるようになってくると自分で判断しなきゃいけなくなってくる。その判断をどこで付けるか。**

僕の場合は、疲れたかどうかで判断します。ずっと編集していて、パッと時計を見ると22時。「あれ？　こんなにやってたのか」って思いながらも、「もうちょっとやったほうがいいな」とも思う。でもそのときに「やっぱり疲れたな」と思ったら、その日はもう仕事をやめます。

これ、手を抜くのとは別の話なんです。経験を重ねていくと、「これ以上はいくらやり続けても出来栄えは変わらない」と言える線がわかるようになります。首が痛いのでも、眠くなったのでも、基準は別に何でもいいんです。疲れたと思ったらやめるのがベストの選択です。

先にも話したけど、スケジュールでさえ絶対ではありません。やっぱり体が資本だから、疲れが溜まっちゃえば良い仕事はできない。徹夜して、ボロボロになりながら仕事を仕上げて「やり切った！」ってなれば、ある程度の納得はできます。でもそれは結局、自分と他人を納得させるために**「より多くの時間を費やしました」っていうのがいちばんわかりやすいから、そうしているだけ**なんじゃないでしょうか。

みんな自分以外の所にも基準を置くから不安になってしまうんです。先日、DVDの編集をしていて、未公開シーンが少しあったのを見つけました。バーッと見たけど、まあこれは必要ないなと思って加えませんでした。そのとき、**「でもこのシー**

**ンを面白いと感じるお客さんもいるかもしれない」って考えてしまうと、どこまでやっていいのかわからなくなる**んです。自分がいらないと思ったらいらない。そう判断することは責任でもあるんです。「ＤＶＤの編集は俺がやる」って言ったんだから、自分で決めなきゃいけないっていう責任です。

そもそも、**自分で一つひとつの判断をしていけば、最後に残る課題はとても具体的なものになる**はずなんです。「何となく危ないかな」じゃなくて、「あそこの部分だけが気になっているんだ」ってなる。それを最終ジャッジするだけの話だから、そんなに時間はかかりません。

疲れてくると、さすがに判断力が鈍ります。そんなときに無理に判断しようと思えば、ただ無駄に時間を費やすだけ。翌日に見直すと頭が空っぽになっているから冷静に見られます。「昨日はこうしたほうがいいかなって判断したけど、やっぱり違うな」っていうことが一瞬でわかる。だから自分が「疲れたな」と思ったらキッパリやめる。それが短時間で好判断を下す最良の方法です。

## トラブルを収めることが仕事ではない

**藤村**　自分で判断基準を持てない仕事は、どうしても本質からずれていってしまいます。何が大事なことで、何がそうではないことなのかがわからなくなってしまう。僕たちの番組で言えば、例えばテロップの誤字脱字。漢字が間違ってるとか、ひと文字抜けているとか、指摘されることがよくありました。確かにマスコミとしてはまずいのかもしれないけど、僕なんかは「でも意味はわかるから、あとで訂正すればいいんじゃないの？」って思います。

以前、ＤＶＤを作っているときに、データを工場に納めてから、デザインに誤字がひとつ見つかったことがありました。ＤＶＤのプロデューサーみたいな立場の人が、「実は問題があって、スペルが違っていたんですよ」って報告に来た。「ああ、そうか。それでどうするの」って聞くと、「もう工場に回っていたんですけど、全部回収したんです」って。僕に無断で対応していたわけです。「はあ？　それいくらかかるの？」「金額はわからないですけど、間違えていたので」。

そのときには叱りました。「お前何考えてんの？　大金かけてまでやることか？」って。数万枚のＤＶＤを発注して、スペルひとつ間違えたからって全部回収するなんて、何を考えているのかわかりません。

辞書を作っている会社なら仕方ありません。あるいは食品を作っている会社が毒性のあるものを少しでも入れてしまったら、全部回収するのは当たり前です。でも僕たちはバラエティ番組のＤＶＤを作っているんです。その間違いを見て困る人がいるのか、クレームを付けてくる人がいるのか、そのクレームでウチの会社は大損害を被るのか。そんな簡単なことも考えずに、「自分が誤字をひとつ見つけたので、すべて回収しました」と、まるで正義であるかのようにやっているところに、自分の仕事をはき違えていることが表れていると思ったんです。

**問題が起きたときに、それを収めることとイコール仕事だと思っている人がすごく多い。**どんな会社でも取引先とトラブルになることは多々あります。例えば「納期が遅れている」とクレームが入って、慌てて営業担当が駆け付ける。先方から「１週間でできると言ったのになんで遅れてるんですか？」と言われる。営業担当は火消しが仕事だと思っているから、ただ「すみません！　次回から必ず納期を守ります！」って謝って会社に帰り、上司に「ちょっと面倒なことになりました」と報告する。

営業部は「また現場が何かやらかしたのか！」って騒ぎ出します。上司は冷静さを装って言います。「で、とりあえず先方には謝ったのか？」「はい、次回からはこのようなことがないようにしますと言って納得してもらいました」「よし、それでいい。現場には俺からクレームを入れておく」。それでみんな仕事をしたと思ってしまうんです。これではトラブルの解決にならない。

営業担当が自分の仕事について判断基準を持っていれば、取引先とトラブルになったこととの根本的な原因を見つめるはずです。問題は「なぜ1週間でできないか」じゃないんです。「なぜトラブルが発生したか」なんです。そもそもの原因は、1週間ではできない仕事を請け負ってしまったことです。それを考えれば、営業担当は「すみません。工程的に1週間では無理でした。そこに気付かず事前に知らせなかったのは私の責任です。しかし製品の質のためにも、次回からは10日いただけると幸いです」って言える。それで取引を打ち切られてもしょうがないんです。そうやって**原因を追究していかないと、みんなが自分たちの仕事の判断基準を摑めない**んです。

**嬉野**　「原付西日本制覇」で、われわれが鳥取砂丘の砂を持って帰って問題になったことがありました（※15）。国立公園のものを持って帰るのは法律違反なのですね。実際には、砂丘近くのレストハウスに溜まっていた砂を取ったものだったので法律違反ではなかったみたいですけれど。それに、砂丘に足跡で「水曜どうでしょう」と書いたことが、自然公園法で禁止されている「広告を掲出することと」になるということで、環境省からもお叱りを受けました。

最初に放送したときは何も言われなかったけれど、そこから時代が移って7年も経った再放送で指摘されたのです。結局、それ以降の放送やＤＶＤではその部分がお蔵入りになってしまいました。でも、**われわれにはそのことに対して反省するところはない**わけです。全国放送のニュースで「あの人気番組が……」とやっているのを見て、「何が悪いの？」と寝耳に水でした。法律で決まっているからいけないことなのでしょうが、**そんなことをあげつらうなんて、何の意味があるんだろう**と。

ほかにも、「リヤカーで喜界島一周！」で、リヤカーに人を乗せて公道を走るのは道路交通法違反だといった批判がありました（※16）。これも再放送では放送されないようになってしまいました。でも、別に都内の道路でやっているわけではないのです。まったく車が通らない広い道です。周囲の状況をちゃんと見ながら判断しているのに、何の問題があるのかわれわれにはわからないわけです。

鳥取砂丘のほうは結局謝罪文をリリースしたけれど、**罪を犯したことやお騒がせしたことを謝ったつもりはありませんでした**。これからあのシーンは放送しないという決定を下したことに対して、「そういうことになりました。すみません」と謝ったのです。

これが「わかりました。これからはちゃんと注意して、そういう表現を改めるようにします」と謝罪して、問題になるようなシーンは撮らないようにしようとなると、どんどん「どうでしょう」の本質からずれていってしまいます。仮に本当にこれらのシーンをわれわれが問題だと捉えたとしても、その上でどう番組を作っていくのかを考えなければいけません。**単に謝って同じ問題を起こさないようにするということだけでは、何の意味もない**のです。

※15　「原付西日本制覇（2000年放送）」で、鳥取砂丘の砂をカブの荷台に乗せて走る場面が放送された。本放送から7年後に、日本海テレビでの再放送を見た視聴者から、自然公園法に反する行為ではないかとの指摘が鳥取市に寄せられ、問題化した。

※16　2001年放送。鹿児島県の喜界島を3日間かけて歩いて一周した。誰かが怪我や病気になっても大丈夫なように、リヤカーを引っ張って歩くことになった。

## 「やりたいこと」ではなく「できること」

いまあるもので何を作れるか

**藤村**　よく「やりたいことをやっていますね」って言われます。それはもちろんそうなんだけど、ちょっと違和感があります。

例えば作家さんは、自分で発想して架空の物語を作り出します。作曲家は白紙の譜面に音楽を刻み込んでいきます。そうした**「ゼロからイチを生み出す」みたいな力は、多分僕にはありません。「これを作りたい！」っていうような欲望はあまりないんです。**

だから「次は何をやりたいんですか？」っていう質問がいちばん困ります。逆に

「あなたにはあるんですか?」って聞きたくなっちゃう。でもこの質問って一般的だし、淀みなく答える人がいますよね。「次は○○にチャレンジしたいです」って。よく言えるなと思います。「きっと何も考えてないんだ、この人は」って思ってしまう。「いや、別にやりたいことなんてないです」っていうよりウケが良いから言っているんじゃないかって。

例えば「どうでしょう」で「次どこ行ってみたい?」って聞かれたら、「アフリカに行ってみたいね」っていうことはあります。でも、それは番組制作という仕事の中の次のステップとしてどうするかを考えているわけで、自分自身が次に何をやりたいか?という意味ではありません。

そもそも自分は「旅番組を作りたい!」という夢があって、それを「頑張って実現してきた」というわけではないんです。確かに旅行が好きで、オーストラリアに行ってみたいとか、ユーコン川に行ってみたいという気持ちはあったけど、それを番組にしたいという希望は別にありませんでした。たまたま番組制作の仕事をすることになったときに自分にできることを考えたら、それが「旅だった」というだけのことです。

僕の中では「旅番組を作りたいから作るんだ」ということじゃなくて、**「テレビ**

**という仕事をしているから旅番組を作るんだ」**という論理です。つまり、「やりたいこと」ではなく「できること」から考えるということです。「どうでしょう」は、「面白い番組を作るのが僕の夢！」なんていう個人的な希望で始まったわけじゃありません。会社の組織の中で、まず僕と嬉野さんが組まされました。タレントさんを選ぶといっても北海道に有名な芸人さんがいるわけではありません。すでに決められた条件の中で始めなきゃいけなかったわけです。

そういうようなことになると、自分たちには「金がない」「モノがない」「人がいない」って言う人がいます。そう言っていたほうが言い訳ができて楽だからです。ないものはないんだから仕方ないじゃないですか。「自分はこれを作るのが夢だからこれが必要だ」って考え方だから、「足りるか足りないか」という発想になるんです。「これがある、じゃあ何ができるんだ？」ってところから考えるべきです。

番組がスタートするとき、**「いま与えられた状況でできることは何だろう」**ってミスターと相談して、少ない人数だから旅ができるねっていうことになりました。何もない、何が起きるかもわからない、っていう状況の中で何かを見出すというのは、僕の中で不得意な分野ではないと感じました。それで「じゃあ旅に出ましょう」って決まったんです。

**状況をつくれば、みんな〝自分が何をできるか〟って考えます**。そうした考え方ができる4人だったというのは大きいと思います。「もっと金があれば」「もっとスタッフがいれば」。そういう文句を言う人は誰もいませんでした。

**嬉野**　私は、文章ならそこそこのものが書けるなと自分で思いますが、テレビの仕事で自分に何ができるのかは、いまだによくわかっていません。それでも**仕事を進めていくと、勝手に自分でやりだしていることがある**。やっているうちに見えてくるのです。

「どうでしょう」が始まり、4人で番組をやることになった、でも私には何をどうしたいという欲求が乏しいので、企画を思い付いたり、タレントさんをロケに連れていって、どういうことをやらせてディレクションしてやろうか、という気持ちになったりはしないのです。

でも、カメラの扱いはそれなりにわかるところがありました。目の前で可笑(おか)しげな状況が展開されていたら、どこにカメラを向ければいいか、どのくらいの画角で撮れば現場の可笑しみが伝わる絵にできるかは、なぜかわかるのです。それには高度なカメラテクニックなどは必要ないことも、何となくわかっていました。それに、誰かが「こんな企画どうでしょうか?」と言ってくれれば、「それならいっそこうしたほうが面白いよね」というアイデアは勝手に出てきます。**誰かが動かしたものに乗っかってみると、知らないうちにできることを始めているのです。**もし、乗っかって何も思い付かないなら、自分が面白いと思っていないのか、もしくは自分にできることがないのかです。

できることがないと思えば、「できない」と言います。自分がやる意味がないからです。それでもできないことをやらなければいけないのなら、私ができないことをやっているという状況、それ自体が面白くなるときでしょうね。そうでないならやっても意味がないのです。

## 辛いことはしていない

**藤村**　僕は10年くらい前からマラソンを始めました。フルマラソンを完走したときには、みんなに「すごいですね」って言われたけど、別に辛くはありませんでした。もちろん体力的には辛いんだけど、誰に言われたわけでもなくて、自分でやっているから42キロ走っても苦にはならないんです。

どれくらいのタイムで走れとも言われていないし、順位も言われていない。途中で歩いたっていい。だから全然辛くありません。これがいきなり誰かに「マラソンをやれ」って言われて、「やらなきゃいけないから」って始めていたのであれば、ただただ辛いことになってしまいますよね。

僕の場合、仕事もそれにすごく似ているところがあります。番組を見ている人たちにも「きついことして大変ですね」とか「きついことをやっている姿が面白いんですよ」って言われるけど、僕の中では**きついことをしているつもりもないし、それをウリにしているわけでもない**んです。旅が面白くなりそうだから深夜バスに乗ってみただけ。でも10時間以上も乗っていればさすがに辛いから、「辛い！」って言っているだけの話です。

ただ、それは「簡単なことをしている」という意味ではありません。面白いものを作るのは大変なことです。だけど、その大変さを、なるべく楽しんでやろうとしているんです。

だって、**簡単にできて楽しいことなんて世の中にない**んじゃないでしょうか。そういう意味で、本当に自分たちが辛いと感じることはやらない。誰かに「世界中の深夜バスに不眠不休で乗って来い。それをファンが望んでいるから」なんて言われたって絶対にやりません。そんなの辛いだけだから。

僕らは誰かに「ヨーロッパに行って、1週間で21カ国回ってこい」と言われたわけじゃありません（※17）。「回れるかね?」「わかんないよね」「でも回れるかもしれないからやってみよう」って行ってみたら、途中で疲れちゃって、結局全部回らずに帰ってきました。**全然無理していない**んです。その余裕がなければ、やっぱり良いものって作れないと思います。無理して作ったものは、見ているほうもやっぱり辛くなるんです。

※17　「ヨーロッパ21カ国完全制覇（1997年放送）」。ヨーロッパ21カ国をレンタカーで回る企画。発案者のミスターは、回り切れなかったら番組降板も辞さない決意だったが、大泉や藤村の策略によって想定外のルートを巡ったことから、「完全制覇」は崩れ去った。

**嬉野**　何事も体力に見合ったことをやるべきだと思います。無理をして面白くなるとき以外は無理をしない。いくらうちの番組がローカルでは異例のヒットをしたといっても、結局4人でやっていて、スタッフは2人しかいないのです。もっと番組を広げたいからと、例えばゴールデンウィークや年末にスペシャル番組をやれと言われてもできないわけです。

**体力に見合わないことをやって、その結果右往左往させられていたら、やっぱり勝てない**だろうと思います。われわれは全部用意ができてから売りに出ます。そこはビッグマーケットじゃないかもしれないけど、そうしたやり方を続けたほうが、結果的にも良かったのだと思います。

急に話が大きくなるようですけれど、日本は太平洋戦争に負けたことの反省を生かすことができていません。日本が戦っていくことに意味があるのか、これから先も列強を相手にやっていけるのか。そういうことをまったく精査しないまま、誰も「もうやれない」と言えなくて、あの惨状になったわけでしょう。

後世に生きるわれわれとしては、それを自分の人生でなぞってはいけません。**自分たちはいま何を持っていて、いま何ができるかを考えてやっていく**ということは、われわれ一人ひとりの責任だと思うのです。

人間、一時的に自分の限界を超えてやっていくこともできます。それで自分はこれだけの仕事をやれるのだと思ってしまう。一度やれたのだからまたやれる、もっとやれると思ってしまう。でも絶対に長続きしません。それでは、結局楽しくないだろうと思うのです。

# どこに向かって進んでも同じ

## 仕事に〝冒険〟はない

**藤村**　自分の考えで仕事をして失敗すると怖いから、人の言うことを聞いていたほうがいいって考える人もいると思います。ある意味で仕方のないことかもしれないけど、そこも前提が間違っているように思います。**別に失敗してもいいんじゃないでしょうか。**

**小さな失敗は、日々みんなしていますよね。**ちょっと寝坊したとか、時間を間違えたとか、用意しとかなきゃいけないものを忘れたとか。それが怖いから動かないっていう人はいないと思います。それと「仕事上の失敗」と何が違うのでしょうか。

例えばレストランに勤めていて、自分の作りたい料理がある。それを提案しても店長が許してくれない。「だからできないんですよ。自分は絶対に美味しいと思ってるんですけどね」。こう言って終わってしまうのは、**ただ失敗を怖がっているだけ**です。

やってみたいなら、知人にでもまずその料理を食べさせてみて、反応が良ければ、店長がいないときにお客さんにタダで出してみればいい。そんな冒険できないって思うかもしれないけど、ちゃんとお客さんに「こういう料理を作ってみたんですけど、味見をしていただけませんか?」って断ればいいだけの話。それでお客さんに「イマイチだね」って言われたら素直に「勉強し直します」って言えばいいだけのこと。失敗でも何でもない。それが知れたときに店長に怒られるだけでしょう。「すいません」と謝って、使ってしまった店の材料費を差し出せばいいだけです。

逆にお客さんに「うまい」って言われれば、それを武器に店長を説得できます。「俺がいない間に何やってんだ」って言われるだろうけど、結果としてそのメニューをボツにするってことはないはずです。事実としてお客さんが「うまい」と言ってくれたし、そのお客さんはきっとその料理が実際に店のメニューになったかどうかが気になってまた来店してくれるはず。店長にとって重要なことは店の売り上げです。

**どんなことでも、まずやっちゃえばいいんです。そのほとんどは、冒険でも何でもありません。**自分で考えて自分がやったことの結果に、成功も失敗もないと思います。目の前の事実に、どれだけ学べるかっていうだけの話です。もっと言えば、「失敗から何かを学ばなければ」みたいな意識もいらないと思います。「商談に失敗しちゃった」っていう事象から引き出すべきなのは、「次に同じ場面があったら、押すだけじゃなくて引いたほうがいいんだな」ってことだけです。経験になるだけ。経験は多いほうがいい。だから**失敗にネガティブな意味付けはしなくていい**んです。

**嬉野**　1回目の「北海道212市町村カントリーサインの旅」は、夜中の22時からロケを始めましてね。夜通し車で移動しながらカメラを回していましたが、朝の7時過ぎだったと思います。美瑛（びえい）辺りで睡魔に襲われて、私はカメラを回しながら、なんと撮影中に寝てしまったんですね。

ロケを終えて、藤村さんが編集しているブースを覗いたら、車のフロントガラス越しに見えている前進風景がいつまでも映っていて、その画面にタレントの声が聞こえるのです。タレントの顔はまったく映らず、移動する風景に声だけが乗って聞こえてくるのです。テレビ的には異常な絵です。

それなのに、見ているとなぜか会話を面白く聞けるのです。面白かったのです。いや、もしかするとタレントの顔や表情が見えないほうが、聞いているほうは会話に入り込みやすいのかもしれない。

「え、何これ。面白いね」。私は藤村さんの横に座って、会話が繋がれていくのを見ていました。とにかく画面には前進風景しか映らないのです。盛んに会話したり笑ったりしているタレントの顔はいつまでも映らない。それはそうです。だって撮影した私は眠っていたんですから。

そのとき思いました。話しているタレントの顔は一切撮らないで、風景と会話の声だけを撮るという方法はアリなんだなと。だってこんな映像見たこともないけれど、見ていて楽しかったのです。

でも、いくら私でも、**撮影中に眠っていなければ、話し始めたタレントにどこかでカメラを向けたはず**です。タレントを無視したまま風景だけを撮るなんて斬新なことを続けられるわけがない。これは映像的冒険でも何でもない、単なる撮影ミスです。でも、その**ミスから生まれた目の前の珍現象をどう見るか**。「タレントの顔も映っていない絵をそんなに長時間使えるわけがないよ」と受け取ってしまえば、あの撮影手法は確立しなかったでしょう。

顔の映っている映像がなかったから、とりあえずどこまでも風景の映像だけで繋いでいた。そうしたら意外に面白いと2人とも思ってしまった。これならお客さんも同じように面白いと感じるに違いない。そう思えるかどうかです。

**結局、捉え方**だと思います。「どうでしょう」は、基本、スタッフが2人しかいないわけですから、現場でミスがあったら必死に編集でカバーしなければならない。その結果、他番組では絶対に見ることのない、斬新に思える画面や編集の技が、発明されていったということなのです。

## いま歩いている道は一本だけ

**藤村**　進むか止まるか、右に行くか左に行くか、迷って決められない。そんなときは人に聞きましょう。それでうまくいかなかったら、責任転嫁（てんか）しましょう。「あなたがいいって言ったからやったんだ」って。失敗したら「それみろ」みたいな感じでいいんです。

本当に人のせいにしろということじゃなくて、**迷うときはどっちに行ったって大**

**差ない**ってことです。右が良さそうだけど、こんな危険性もあるかもしれない。それなら左のほうがいいのかもしれない。しっかりと考えて、条件を並べ尽くして、吟味（ぎんみ）し尽くしても迷うのなら、その両者に明確な違いはないってことです。だったらどっちに行っても一緒。それで何か起きても、冗談で人のせいにできるくらいの差でしかありません。

　これが吟味もせずに、ただ「わかんねえな、右か左どっちに行こう」ってなるとおかしくなります。そんな人が何人か集まると、「どっち？」「左だと思う」「え？どうして？」「だって、左じゃない？　わかんないけど」みたいになって、それで少しでもうまくいかないことが起きると、自分の考えが足らないことを棚に上げて、本気で相手を責めてしまう。

　僕の場合、**1回「う～ん」と考えてわからなければ、「俺はこう思うけど、嬉野さんはどう思う？」「俺はこう思いますよ」「じゃあそうしよう」ってあっさり決めます**。それでうまくいかないことがあっても、自分は嬉野さんの意見を正しいと思ったんだから、嬉野さんを責めるんじゃなくて、「じゃあこうやって直していこう」と考える方向に、自然となっていきます。

　右か左か決められずに「わかんねえな」と結論をぼやかしてしまうのは、自分が右だとハッキリ言ってしまった場合、もし左のほうが正解だったら嫌だと考えるからです。人間なんて案外、そんなちっぽけなプライドで動いているもんなんです。

でも、そんなことで**自分がどちらに進むのかを選ばなかった時点で、その道はもう自分の道ではなくなります**。あとは他人に文句を言いながら進むだけの道になってしまいます。右だろうが左だろうが、結局いま歩いている道は一本だけなんだから、そこに間違いも正解もない。言い換えれば、**自分でその道を正解にしていくしかないん**です。

**嬉野**　「どうでしょう」という職場は、**ひとりで思い悩むということにならなくて済む**ところがあります。本当に行き詰まったときはみんなに「どうする?」と言うすると全員で「う〜ん」となりますね。でも結局4人の中で答えが出るから、「じゃあみんなそれでいいね」と決めることができます。ですから**失敗しても、「ね」で終わらせることができる**のです。企画のオチが付かなくても、強引に「終了」ってテロップ出して、「ジャーン!」で終わらせるという方法もあるよね、みたいな。

**藤村さんなんて、車を運転していて道を間違えても白状しませんからね**。考えてみれば、知らない土地を走っているのなら誰も道を知りませんから、Uターンさえしなければみんな間違えたことに気付きません。ですから藤村さんは、いよいよどん詰まってUターンするときに白状します。「道、間違えたな」と、ボソッと言います。こちらとしては「道を間違えていたのなら早く言ってくれよ」と思いますけどね。

きっと藤村さんはずっとそういう生き方をしているのだと思います。

運転しているときも「さっき左か右かで迷って左の道に入ったけど、間違いだったな」と当然ながら当人はすでに気付いている。何なら若干の焦りもある。でもみんな道なんか知らないから平和な顔をしているし、運転しているのは自分だし、「探してよ」って言っても道を知ってる奴はいない。じゃあいま「間違えました」って言っても言わなくても状況は変わらない。だったらここで言う必要はないな。そうして走り回ったあと、どうしても道が発見できないという段になってから、「あぁ、なんか、道、間違ったな」って言えばいいな、となる。

何かおかしい気もするけれど、よく考えれば正しい論理ですし、番組内であれば延々走り回ってからのそのひと言に、「もっと早く言えよ！」と車内が騒ぎにもなるわけで、それもそれで楽しげな場面になる。**どっちへ転んでも何らかの拾いものはある。**

牛追いのはずだったけど危険だからと虫にした。それで西表島に虫を獲りに行ったら、虫は面白くないとガイドに言われたからまた企画を変えた。そこにまったく躊躇（ちゅうちょ）はなかったのでしょう。方向性が変わりそうだからと会議を開いて、どっちでもいいと思っている3人に向かって、「虫はダメだと言うんですよ、どうしますか?」と言っても、「いやあ、何とかしてください」としか返ってきませんからね。**「どの方向になろうが面白くなりそうな道を探して進みますよ」**という意志を彼に見るから、こちらの3人は安心していられるということでしょう。本当にどうしようもなくなったら、「さあどうする?」って突然言われますから。そうするとみんな「これはやばい」と必死になる。その状況自体がすでに面白いわけです。

人が集まって決めることは、本来そうあるべきだと思うのです。個人が間違ったときにその責任を問う暇があるのなら、「どうリカバーするか」を全員で懸命に考える。そのために人間が発明したのが組織であるはずです。そして、その**失敗からまだ誰も気付いていない発見があったりもする**わけです。

# 第5章　すべては〝コミュニケーション〟

# お客さんとのコミュニケーション

## 番組を作ることは人間関係と同じ

藤村　**どんな仕事でも、まずは〝お客さんがどう思うか〟を考えるところから始まります**。お客さんのニーズを汲み取る。それを「お客さんの傾向」としてデータに示す。ただ、そこに明確な答えはありません。所詮、お客さんという他人が考えていることをすべて理解することなんてできないわけですから。

だったら**作り手が自信を持って、「これが良いんだ」って言えるものを作るしかない**。それが結果的にお客さんに受け入れられるかどうかはわからないけど、結局そうするほかに手はないんです。

その基本が忘れられていることが多い。作り手が「これ本当に美味しいんだろうか」って納得していなくても、「お客さんが好む傾向がこうだから」って言われる。「じゃあこういうものか」って形だけ整えて、それっぽいものを作ってしまう。これはお客さんに対してとても失礼です。それならば、「少し形は悪いけれど、自分は美味しいと思います」っていうほうがよっぽど作り手として誠実ではないでしょうか。

僕たちは、自分たちの番組のことを、常に「面白い、面白い」って言っています。身内で話すときも、ほかの人と話すときも、「『どうでしょう』って面白いよね」っていつも言っている。「よく自分たちの仕事を褒めることができますね」って言われるけど、「面白いんだもん」って答えます。本当に面白いと思っているから、「面白い」って言うんです。

そこで誰かに、「いや、あまり面白くない」って言われたら、やっぱり少しカチンときて、「どうしてよ？　どこが？」って聞きたくなります。**「俺が作った番組のどこがつまんねえんだ！」ってキレるわけじゃありません**。レストランでお客さんが「美味しくない」って怒ったとして、本気で作ったコックなら「なんで？」って気になるはずです。それも聞かずにコックが「申し訳ありません。作り直します」って謝るのは、作ったものに自信や思い入れがないからです。そうやって簡単にメニューを変えてしまう。

〝そもそも何が違ったんだろう？〟を出発点にしなければいけません。なぜ美味しくないと言われたんだろうか。美味しくないとはどういう意味だろうか。味が濃かったんだろうか、薄かったんだろうか。それとも見た目だろうか。そもそも彼は本当に美味しくないということに怒っているんだろうか。もしかしたら料理を出すのが遅れたところに原因があるのかもしれない。そう考えることができれば、〝じゃあどうすればいいのか〟が見えてきます。

**何が違ったのかは、聞けば教えてくれる**と思います。僕たちの仕事で言えば、「なんで面白いと思いませんでした？」って聞けば、大体は解決されるはずです。「あそこで藤村さんが大泉さんに言ったことが気になって」と言われれば、「ああ、そうですよね。『お前はバカだ』というのは表現としてきついよね」っていうことになる。

原因がわかれば、説明できるし改善もできます。「本当に大泉のことをバカだと思っているわけじゃなくて、あの場面ではいちばんわかりやすい表現だと思ってね」「まあそうですね、それはわかっているんですけどね」「でもやっぱり気になったわけだよね？　うん、それもよくわかります」。**お客さんと作り手という関係を、ちゃんと人間関係として捉えて話をすれば、ほとんどの問題は解決されるん**じゃないでしょうか。よくよく聞いてみれば、大した問題でもなかったみたいなこともあると思います。

**嬉野**　番組を作って放送する。それがわれわれにとっての仕事です。ですがこの仕事は誰かに見せることが前提になっています。つまり仕事とはいえ、誰かに見て欲しいという欲求の上に成り立っているのです。

では、なぜ見て欲しいと思うのでしょうか。「高い視聴率が欲しいから」という答えもあります。でも、そんなテレビ局的な答えをいったん棚上げすれば、恐らくそこには**〝他人の共感を得たい〟という人間としての欲求**があるからでは、と思えてくるのです。つまり作った本人が面白いと感じるものが出来上がったならば、できれば他人が見ても同じように面白いと感じてくれるものであって欲しいという願いです。

「どうです、これ、面白いと思いませんか？」。そう言ってしまいたくなる熱を出発点にして番組を作って、「私も面白いと思います」という共感を得られた。そこから始まるものは、**面白いと共感してくれたその人との交流**だと思います。「そうですか。やっぱりこれ面白いですか」「はい。すごく面白いです」「よかった。また作ります。見てください」「はい。楽しみに待っています」。このように、テレビ番組とはいえ**人間が作る以上、目指してしまうのは他者との交流**だと思えるのです。であれば、テレビ番組は、他者と〝コミュニケーション〟するための道具であると明言していいのかもしれない。普通に生活して日々を生きている限り、誰もが渋谷のスクランブル交差点を行き交う群衆の中のひとりのようなものでしょう。あんなにたくさんの人が体をぶつけそうな至近距離で行き交っているのに、誰とも知り合うことがない。

人間は、それぞれに行き交うだけでは知り合う理由を持てないのです。それほど他者と交流するキッカケは訪れにくい。でも、あの渋谷の雑踏に向けて街角に掲げてある巨大なビジョンから問い掛ければ、中には足を止める人もいるのではないでしょうか。そして、その問い掛けの中身によっては耳を傾けてくれる人もいるはずです。そのときテレビは、他者との交流のキッカケをつくるコミュニケーションツールになっているはずです。

ではなぜ、テレビからの問い掛けに耳を傾けてくれる人がいるのでしょうか。それは、そもそも**私たち人間が「他人がどんな考えを持っているか」に強い興味を抱いている**からであるように思えるのです。

イギリスのエジンバラという町で、毎年夏に1カ月間かけて行われる「エジンバラ・フェスティバル・フリンジ」という、アマもプロも有名無名も問わず、会場さえ見つければ誰でも公演できる、パフォーマンスフェスティバルがあります。

あれは東日本大震災があった年の夏でした。私と藤村さんはそのフェスティバルを見るために10日ほどエジンバラに滞在したのです。そして評判のパフォーマンスを楽しんだのですが、その時間繋ぎには、現地の高校生たちが演じる芝居も披露されていました。文字通り玉石混淆（ぎょくせきこんこう）のパフォーマンスだったのですが、見ているうちに、私は自分が心の中で何かを求め始めていることに気付きました。そうして何日もかけて朝から夜まで数多くのパフォーマンスを見まくるうちに、それが何かがわかりかけてきたのです。

それは、作品のパッケージの出来不出来より、**演じるその人たちが何を考えているか、何が言いたいのかを知りたい**ということでした。人間が考えていることは一人ひとり素朴に違うのです。パフォーマンスをする彼らの本気の考えを知ることができる度に私は驚き、そして励まされ、豊かな気持ちになれたのです。

自分もまた彼らのように、自分なりの意見に過ぎないことだって言っていいのだと思えたからでしょうね。それを思えば、テレビ作りで**いちばん大事なのは作り手個人の正直な気持ち**なのだと思います。結局テレビは、その気持ちから作り始めればいいのだなと素朴に思えたのです。

## お客さんの顔が見えてくる

**藤村　「どうでしょう」も、最初の頃はちゃんとお客さんの声を聞いていました。でもいまはあまり聞きません。**

番組が始まった当時はまだインターネットがない時代で、お客さんの反応を見れるのは視聴率しかありませんでした。でも視聴率が上がった、下がったっていう見方は人と人との交流ではありません。だからプレゼントを出して、番組の感想を書いて送ってもらっていました。

そうすると、単純に「面白かった」っていうものだけじゃなくて、「あそこがこういうふうになっているから面白かった」って熱心に書いてくれる人がたくさんいました。ただ、それは視聴者の意見を参考にするというよりも、〝確認〟の意味が強かったんです。

面白いという意見があれば、「そうだよね、ちゃんとわかってくれているんだな」って受け取る。もちろん中にはネガティブな意見もあって、「ダラダラし過ぎてつまらなかった」って書かれることもありました。でもそれも、「確かにあそこは間延びしてたよな」って、**ほとんどの場合は自分でもわかっていたことだったから、結局確認作業**なんです。的外れな意見であれば当然気にも留めないし、「こうしたほうがいい」って納得できる意見であっても、自分たちはそこまでできないと思ったら、番組に反映させることはしませんでした。

そうやって番組に寄せられる声を聞いているうちに、どんな意見なのかってことよりも、**意見をくれた人がどんな人なのか**ということに興味が湧いてきました。彼はここがとても面白いって言う、彼女はそこがつまらないって言う、なぜそう書いたんだろう、どんな人なんだろうって考えていくんです。

そうやっていくうちに**「お客さん」の顔が見えてきます**。ここ数年はイベントをたくさん開いて、実際に顔を合わす機会も増えていって、もういちいち聞かなくても、お客さんがどんなことを考えているかわかるくらいの感覚になってきました。

そうなってからは、頻繁にお客さんの意見を確認するってことはしなくなりました。友達同士でも、もう20年付き合っているのに、「あいつ俺のことどう思っているんだろう」とかって、いちいち気にならないじゃないですか。そういう意味で、自分たちが良いと思うものは、きっとお客さんも良いと言うに決まっているという確信があります。

やっぱりコミュニケーションなんだろうと思います。これを「面白い」が何パーセント、「つまらない」が何パーセント、って見ていくと本質を外れる気がします。**お客さんを〝人〟として見なくなった瞬間に、番組をやっている意味すらなくなる**ような気がするんです。

**嬉野**　やっぱり**社会はどこまでいっても、人、人、人**なのだと思います。

結局それは、**私たち人間がいちばん好きな対象が人間**だということに行き着くのかもしれません。

それなのに人間は、安易に他者と交流しようとはしないものなのです。きっとそこには危険も潜むからなのでしょうね。でも、人は人を好きだからこそ、どこまでも交流を求めるのです。そのキッカケのひとつになれるのがテレビ番組ではないかと思います。だからテレビ番組の中に正直で自然な感情の流れがある場合、視聴者はついつい見てしまうんじゃないでしょうか。

# 作り手たちのコミュニケーション

## ひとりでは面白いものは作れない

**藤村**　落語にしろ手品にしろ、ひとりで面白いことをやるのは「芸」です。でも僕らは芸人じゃない。だから「どうでしょう」は、出演者とスタッフの4人の関係性の中で番組を面白くしていくしかない。

だったら「この人はどういう人なんだろう」って直接ぶつかっていかないと、面白くはなりません。スタッフが作った台本通りに出演者にやってもらう、出演者がやりたいことを聞いてスタッフが用意する。そういうテレビの作り方じゃなくて、スタッフも出演者も関係なく言い合って、本気を出し合って作っていく。そうやっているうちにお互いのことがわかって、共通認識が出来ていきます。**新しい企画を考えるときは、最初にミスターがいろいろと考えてくれる。彼は企画の取っ掛かりを作るのがとても上手**なんです。発想が面白い。でも、それをそのまま言われた通りに企画を進めていくのではなくて、僕らが肉付けして進めていく。ミスターには得意とする部分だけをやってもらって、あとはこっちが引き取って進めて行くというやり方です。

例えばあるとき、ミスターが考えたいくつかの企画の中に、ただ「家庭菜園」とだけ書かれていたものがありました。家庭菜園って地味だし、時間もかかるからバラエティ番組にはなりにくい。でも逆に、誰もやろうとしないからこそ面白さがあるんじゃないかとミスターは思ったんでしょう。それを取っ掛かりに「家庭菜園で自分たちで作った野菜を大泉に料理してもらう」という企画が生まれて、「じゃあいっそのこと土地を開墾するところからやりますか」っていう企画に発展していきました（※18）。

これもコミュニケーションなんです。例えばみんなで旅行しようっていったときに、「え、じゃあどこ行く?」って相談して、東京に行こうとなった。「じゃあ東京で何を見る?」「ここに行こうか」「あそこもあるよ」「迷うね。どこにする?」みたいな**コミュニケーションがあってこそ、楽しい旅になる**んだと思います。誰かが立てた計画に沿って、ただ名所を回るだけの旅になったら、みんなの心には残らないんじゃないかな。

ただ、「ここに行きたい!」っていう熱意を持っている人は、自分が空回りしないように気を付けなきゃいけません。これはコミュニケーション不足になるひとつの要因でもあるんです。「ここに行ったら絶対に楽しいから」「これは絶対に美味しいから」と自信満々に他人を連れていくのはとても良いことです。でも「ね! 楽しいでしょう」「美味しいでしょう」って言っても、他人には面白くも美味しくもないこともある。

そこで**何らかの反応をするのがコミュニケーション**です。「え? イマイチ? 何で?」って聞くだけでもいい。そうすれば相手も反応してくれる。それが「美味しいでしょう」って言って、相手がお世辞で「うん、美味しいね」って答えて、「でしょう!」となってしまったら、一見スムーズに交流できているように見えるけど、そこにコミュニケーションはありません。実質的には一方通行なんです。

※18 「シェフ大泉 夏野菜スペシャル(1999年放送)」。「夏野菜を使った

料理を作ってほしい」と大泉を3度呼び出した。1度目は野菜を栽培するために荒地を開墾、2度目は盛り付け用の皿を作った。3度目でやっと料理したが、「まずい」「中途半端に美味しい」と不評だった。

**嬉野**　旅番組や散歩番組は、基本的にロケハンをするものです。実際に現場に行ってシミュレーションして、ここで何時間、次はあそこで何時間と事前にスケジュールを決めておく。そうやってタレントの事務所と話しておかないと、出演してもらえないわけです。

われわれの場合、あの2人のタレントとは、ずいぶん昔からやっています。最初の頃、ミスターは自分自身が事務所の社長でした、大泉君は大学生でした。2人ともまだ全国的に有名なタレントというわけではなかった。われわれは**余計な気遣いをする必要がないというところから始まっている**から、マネージャーも付かないタレントをひとりで屋久島まで呼び付けたりできました。目的地さえ知らせず、あるいは騙して海外へ連れて行ったりもしたのです。

それでも、タレント2人も事務所も、そのことを面白がって当然のように応えてくれました。そんなふうに彼らがまだ一般人と大して変わらない時代から付き合ってきたので、面倒なシガラミを考慮に入れなくてよかった。その分、テレビ番組でありながら深いコミュニケーションの中で仕事ができていたのだと思います。

それもわれわれの強みだと思います。新しい企画になる度にタレントを変えたり、気を使わないといけないゲストに出演してもらったりするとなると、こうはいかないでしょう。ずっと同じメンバーでやっていることに、新鮮味がなくなるのではないかと意見する人もいるかもしれないけれど、**新鮮味なんかは求めなくても大丈夫**です。同じようなことをし続けても毎回状況が違うのですから、まったく同じことをやり続けているわけではないのです。

**仕事とは、コミュニケーションを念頭に置かなくても、できてしまうもの**だと思います。他人に興味がなくても番組の中身に興味がなくても、「仕事だから」で形だけのものは出来てしまう。当然作り手が個人的にやりたくてやったのでなければ、その仕事の結果もお客さんとコミュニケーションできないものになってしまう。だから世の中に受け入れられるものにはならないはず。そういう順番になっているのだと思います。

## 「できます」と言う人と仕事する

**藤村**　僕たちは言いたいことを言い合って、試行錯誤しながら仕事をしている分、ほかの人にも同じことを求めます。例えばテロップです。テレビを見ているといろんなフォントがあるように見えるけど、ある程度の定型があります。バラエティにはこんなもの、ニュースにはこんなものって、何となく決まっています。そのほうがわかりやすいですからね。

ただ、僕たちはそんなわかりやすい**定型も遠慮なく崩していきます**。僕のあくまでも個人的な感覚で「嬉野さん、もうちょっと太い書体で迫力を出したい」って言ったら、嬉野さんは美術さんに頼んでいろいろ作ってもらう。でも嬉野さんもフォントの知識がないから、「とりあえずやってみて」って頼む。それで上がってきたものを見たら、まだ弱い。だからまたもう1回やってもらう。

非効率って思われるかもしれないけど、そういう面倒くさいことに対応してくれる人じゃないと僕らは一緒に仕事ができません。「こういうフォントってバラエティでは使わない」とか「うちにそんなフォントはない」って言われたら、それ以上はもうその人に頼まないと思います。ウチの美術さんはそこに対応してくれたから、「どうでしょう」らしいテロップが出来上がっていったんです。

同じことを、僕たちは社外の人にも求めます。**「こういうのできますか?」って言ったときに「いや、それはうちの会社ではやっていないし、そういうことやってくれる人ってなかなかいないんじゃないですかね。とりあえずこれぐらいならやりますけど」って言う人ならそれ以降仕事はしません。**

例えば「水曜天幕團（※19）」をやったときに、イベント会社の人がチームに加わってくれました。こっちが「駐車場に巨大な芝居小屋を作りたいんだけど」と言えば、「できます」って即答してくれる。「こういうことやりたいんだけど」って言ったら「大丈夫です。できます」って。

僕たちはイベントの運営方法には詳しくありません。できるかどうかわからないんだけど、できるって言うから大丈夫なんだろうと、どんどん無理難題を言った。それでも「できます」って応えてくれました。

もちろんすべてが完璧だったわけではないんだけど、大事なのは**「できます」**って**応えてくれるだけの経験値を持っていること**と、「こういう無理難題を言ってもらえるのがうれしい」と**仕事を楽しんでくれる姿勢**です。彼はいまでもチームにいてくれて、キャラバンの運営も任せています。

こっちは「これは職務だからやってください」なんて言っていないし、彼も「仕事なんでやります」とは言わない。「できます？」「できます、できます。そういうのいいっすね」って関係でやっている。

みんな「いろいろ不満はあるけどこの人が担当だから」って、そこでもう妥協するんです。「やっぱり無理なんだって。そこまでやるのはリスクが大きいんだって。じゃあしょうがないね」で終わってしまう。あとは文句だけ言っておけばいい。「本当はもっとこうやって面白くしたかったのにねえ」なんて言ってたほうが楽ですから。

多少面倒でも、**自分のやり方に応じてくれる人と仕事することを押し通していけば、いつの間にか周りには自分の希望に応えてくれる人だけが残ります**。そのほうが結局自分も楽だし、思ったものを作れるようになるんです。

※19　北海道テレビ放送開局35周年記念事業の一環として、「どうでしょう」と大泉が所属するTEAM NACSのコラボレーションで結成された劇団。

原作を嬉野が、演出を藤村が担当し、TEAM NACSを中心としたメンバーが俳優を務め、2003年に公演された。

**嬉野**　美術さんにタイトルのデザインをしてもらいたいのだけれど、われわれの中にはっきりとしたビジュアルイメージがないということがあります。そのときには、美術さんにとりあえず描いてもらっていました。

美術さんの立場としては二度手間になりたくないから、当然「どういうイメージですか？」と聞いてくるわけです。でも「イメージはないです。とりあえず描いてみて」と無理強いをする。 出来上がりを見たら、「なるほどこの人はこういうイメージで描くのか。このビジュアルは明らかにわれわれが意図したものとは違うな」とわかる。その瞬間に具体的な見本ができるのです。

この見本を得るために、**まずは美術さんに描いてもらわないと、どれくらいわれわれのイメージから遠いかがわからない**わけです。描いてもらったものをベースに、インターネットでいろいろなデザインを検索して、具体的に、もっと太くとか細くとか、どう変えればいいのかが見えてくる。そうして求めていたイメージに近づけていけるのです。

そうしてこちらがイメージを具体的に持ったあとは、ああでもないこうでもないと指示して、その度に私もニュアンスを確認しながら作ってもらっていました。美術さんがパソコンに向かって作業をしている横に張り付いて、ずっと見ているのです。途中から美術の部屋に私の椅子があったくらいです。美術さんからすれば、さぞかしやりづらかっただろうなあと思いますけれど、向こうもだんだん慣れてくれました。

美術さんたちも、われわれがちゃんと狙いや思いを持ってやっている、面白い番組を作ろうとしていると認識することで、やっぱり手を貸したい、実現させてやりたいと思ってくれるのでしょう。かなりの無理を聞いてくれるようになりました。『どうでしょう』のディレクター2人は無理を言う人たちだけど、出来上がった番組を見てみるとやはりやっただけのことはある、と思ってくれたのだと思います。

われわれはプロフェッショナルとは言えない方法をずっと美術さんに強いていたのです。それは、**最初からちゃんとイメージを伝えるだけの知識や力量がない中ではそれしか方法はない**と、われわれがわかっていたからです。「あんたたちプロだろ？　俺たちもプロなんだから二度手間なんかさせないでくれよ」という**常識に負けていたら、こんな地方で、東京のテレビ番組に負けないような質のものは絶対で**

**きない**と信じていたのです。だから判断を求められる度に「見なければわからない」と言っていました。

# 自分は何ができるのか

## 「何でもやります」では何もできない

**藤村**　周囲の人たちと、**自分の言葉でコミュニケーションを取っていれば、いずれ自分のできる仕事が何か、何が得意なのかがわかってきます。**

北海道テレビに女子アナウンサーが2人入社しました。ひとりは少し天然なところがある子。もうひとりは上司に「お前はもっと個性を出せ」って言われたそうです。

個性を出せと言われた彼女は、「料理が得意とか、運動神経が良いとか、いろいろある中で自分の個性をどうやったら出せるか」って考えていました。でも、それは個性じゃありません。得意なこと、やっていたこと、です。じゃあ個性を出そうと思っても、すぐにできることじゃありません。できることはひとつだけです。

僕は彼女に「アナウンサーなら、思っていることを本気で話せばいいだけじゃないの？」って言いました。美味しいと思ったら美味しいと本気で言い、美味しくないと思ったら、美味しくないとは言えないけど、嘘は言わずにうまくごまかす。そこからスタートして初めて、自分の個性が他人から見えてくるんです。

正直にしているとわがままだと捉えられてしまう。それを怖がるから、みんな「料理が上手」「運動ができる」っていうように、得意なことを羅列するだけになってしまうんです。みんなが求めるわかりやすい答えみたいなものを見せているだけに過ぎない。それは**「何でもやります」って言っているのと同じです。そんな人にはなかなか役割も与えられません。**

「どうでしょう」でも、ミスターや大泉君が僕たちの言うことに対して「わかりました」「何でもやります」ってそつなくやっていたら、結局役割も増えなかったはずです。自分に正直にしていると支持されることもあるし、毛嫌いされることもあるけど、怖がっていてもしょうがない。**わざわざ作ろうとしなくても、誰にだって個性はある。それを正直に出せるかどうかだけ**なんです。

**嬉野**　私は自分ができると思っていることは何でもやりますけれど、**一回やって絶対にできないと思ったことは絶対にやりません**。できないですもん。スポーツ中継なんて絶対無理。そもそもスポーツ中継に興味がないからやりたいと思わない。もう50代も後半なのですから、何が絶対にできないことかはわかりますよ。

でも一方で、**それまでやったことはなかったけれど、必死でやったらできたということはありました**。それらはみんな「ぜったいやれますよ。やったらいいのに」と他人にそそのかされてやったものばかりでした。「なるほど。人間は、自分にできることが何なのかを、自分で全部知っているわけでもないのだなぁ」と、そのとき思いました。

それはまるで、「私のできること」の書かれた札が、私の体のあちこちにぶら下がっている、みたいなことです。自分では、その札に「○○ができる」と書いてあるのが読めないのに、他人の位置からは読めてしまう。だから他人から「あなたはこういうこと、きっとできますよ」とそそのかされたほうがいいということです。人生の中では、そうやって他人ができることを教えてくれることがあるように思います。

そのとき私は「本当?」と聞きます。「本当ですよ」と本気の顔で言われれば、「よし！」とばかりに躊躇なくやってみることにしています。そして必死でやってみたら確かにできた。「ああ、これは自分ができることなのだ」とわかるわけです。そうやって自分を知っていくことは、生きていく上でとても大事なことだと思います。ただ、「できるよ」と言われても、その相手が私を理解していない人だと思ったらやりません。お互いにわかり合っている仲で、私の特性を知っている人が言うのなら、そこにはそう言うだけの理由があるのだろうと信じて、やるわけです。あるいは初対面でも、この人は私に興味を持ってくれているのだと思えばやるかもしれません。

自分に何ができるか。まだまだ自分でそれをすべて把握しているわけではないけれど、きっと**やれることは最初から決まっている**のだろうなと思います。だから、「**頑張ればできる」という励ましが、私にはインチキに思える**のです。これが若い頃なら、「頑張ればできる」といろいろなことにチャレンジして失敗を繰り返す、そういう考え方があってもいいと思うけれど、40も超えて、まだ「頑張ればできる」と本気で考えているのだとしたら、その人はおかしいです。

それは結局、いままで何もやってこなかったということの裏返しです。ずっと棚上げ、棚上げで自分をごまかしてきた。**「俺、本気出せばできるから」と言いなが**

**ら自分の本当の姿を見ようとしてこなかった**のではないでしょうか。

できることは人との関わりの中で見えてくる

**藤村**　自分ができることなんて、人との関わりの中で初めてわかるものです。「自己研鑽（けんさん）」みたいな言い方もあるけど、**自分のできることを自分で見つけようと努力しているわけでしょう。無駄とは言わないけど、あまり意味はない**と思います。

英語を習うのもプログラミングを習うのもいいけど、それと働く上で実際に必要なこととは分けて考えないといけません。仕事上でいちばん自分に必要とされているスキルが何かは、人との関わりの中でわかってくることで、最初から見つけようとして見つかるものじゃないんです。

20代は言われたことを何でもやらなければいけないと話したのと同じように、やれることがわかってくるのにも順番があって、最初から「やりたくないからやらない」というのは間違いです。

もちろんやってみる前からこれは無理だというものもあるでしょう。先の嬉野さんの話で、昔、嬉野さんは野球中継をやれと言われた。「野球のルールも知らないんですけど、そういう奴が中継ディレクターをやっていいものでしょうか？」って答えた。そこまで言ったら上司にもさすがに「ダメだなこいつ」って思われて中継から外されました。

絶対に無理って自分でわかっているときに、嬉野さんは「ルールも知らないんです」と正直に自分の恥ずかしい所を相手にさらけ出して納得してもらったわけです。これもちゃんとしたコミュニケーションです。何も言わずに断ったらそこでコミュニケーションが破綻してしまいます。「僕できませんから」「僕ってこういう人間ですから」っていう言い方じゃ誰も納得してくれない。

明らかに無理なことではないなら、人から言われたことはとりあえずやってみる。最初は**お互いにどういう人なのかも実力もわからないから、まずはやってみるしかないん**です。案外できないと思っていたことができるかもしれないし、案の定、ダメだったというのも大事なことです。相手に「ここはダメだ」ってわかってもらえるわけですから。自分の実力を見定めてもらうことができるんです。

そうやって関係性ができて、自分がいちばん必要とされているスキルをわかってきたら、やれないことは堂々と断ればいい。じゃあ、どこで自分がそう判断してもよくなるのか。それも人が教えてくれます。**「もうお前は自分でできるだろう」と言われるときが、どこかで必ず来る。そうなったら思う存分自分のスキルを発揮する。そうして仕事は楽しくなっていく**んです。

**嬉野**　私は4年ほど前に、「会社でカフェでもやってみっかな」と思い付きました。そうして総務に断りもなく会議室のドアに「カフェ始めました」と張り紙して、就業時間内にコーヒーを淹れて、会社でいろいろな人間と話をする場を作りました。私にしては珍しくやってみたくなったことなので、とりあえず始めてみたのです。

会社も鷹揚（おうよう）なところがあるのか、いまだに怒られずに続けていますが、そのことをエッセイ本に書いたところ、今度は何を勘違いしたのか、知り合いの関西商人が「会社でもコーヒーを淹れるくらいなら、嬉野さんはかなりコーヒーがお好きなんでしょう。この際、自分好みの味のコーヒーを追求されたらいいですわ」と頼んでもいないのにコーヒーの専門家と引き合わせると言ってきたのです。

まったくそんな気などなかった私には迷惑千万（せんばん）な申し出だったので断りたかったのですが、断るより先に先方と会う段取りを決められてしまいました。社内のコミュニケーション促進のために始めたに過ぎないカフェだったのに、そうして私はコーヒーの専門家とコーヒーの味を追求することになってしまったわけです。

ですが、さすがはその道の専門家です。やってみると得ることが多かったですね。結局その方の指導でものすごく美味しい味のコーヒーに出会えたのです。「え？コーヒーってこんな味なの？　想像以上にめちゃくちゃ美味しいじゃないか」。感動でした。そしてその味と感動を誰かに伝えたくなった。それで**会社に掛け合ったら、私のコーヒーは会社のグッズになりました**。

コーヒーを作りなさいと勧められて、先方でそのお膳立てまでしてくれているというのに、それを迷惑に思うというような腰の重さが私にはあります。そんな私の場合は、**他人にそそのかされたり、巻き込まれたりすることで実際にやり始めて楽しくなるということが大事**なのでしょう。

だから私は、私ができることは他人が教えてくれるのだと思うようになったのかもしれません。そして人生において重要なことは、とりあえずやってみること、行動すること、体験することなのだなと納得したのです。生きていることの学びは、体験することの中にしかないのだと思います。だから**成功や失敗という結果より、やってみることのほうが人生には大事**なのでしょうね。

# 第6章　人生に重なる仕事

# 自分の役割を見つけて特化していく

## 「役割」はどんどん変わっていく

**藤村**　学校の新学期、新しいクラスで、みんなのこともよく知らない。そんな中でいろんな係を決めなきゃいけない。そうなったときに、「なんで俺が保健係をやんなきゃいけないの」ってことは必ずあると思います。保健係をやりたい人がいない場合は、誰かが割り当てられてしまう。それ以前に、希望すら聞かれずにすべてアイウエオ順で係を割り当てられてしまうことだってあるでしょう。

そんなふうに、理不尽だと思っても「学校ならしょうがない」と納得する部分もあります。だって子どもなんてまだまだ未熟なんだし、**いろんな係を経験すること**

**によって自分に何ができるのか、自分の役割が何かを見つけていく**ものだからです。**大人の社会も同じ**です。体育係をやりたくても、保健係をやらされることもある。そんなときに「これはやりたい仕事じゃない」って早急に判断して駄々をこねてしまったら子どもと同じです。大人であれば、「仕事だからしょうがない」って、何とか保健係をこなしていくものです。

でも問題はここからです。本当は体育係をやりたいのに、「与えられた仕事だからしょうがない」と保健係を続けていくうちに、いつしかそこに安住して抜け出そうとしなくなる。「俺は嫌な仕事でも頑張ってやっているんだ」という気持ちだけを拠り所にして仕事を続けていく。

本来、**役割はどんどん変わっていくものです。それを自分で諦めてしまってはいけない**。僕たちで言えば、最初はミスターがみんなを引っ張る立場でした。でもいつしかミスターはあまり喋らなくなり、何かあればひとりで暴走するというような役割になった。それがミスターらしいというのを、チームで見つけていって、役割を変えていったんです。

嬉野さんであれば、「原付シリーズ」の最後、「原付日本列島制覇（※20）」ではカメラを回すという役割さえ持ちませんでした。専属のカメラマンにチームに入ってもらったんです。カメラを回さなくても、画面に映らなくても、嬉野さんが喋っていると面白いと思ったからです。

僕たちは、番組を作りながら4人の役割をずっと探し続けているってことなんだと思います。役割に固執することなくどんどん変えていく。「どうでしょう」というチームは、だから強いんだと思います。

※20　2011年放送。原付シリーズの最終章として、それまでの「72時間！原付東日本縦断ラリー」「原付西日本制覇」で回っていなかった、東京から高知の区間を制覇する企画。ディレクター陣の負担軽減を目的に、カメラマン、ドライバー、音声担当が参加した。

## 自分で自分の役割を見つける

**藤村**　番組作りの役割として、ディレクターが現場でディレクションをして、カメラマンが撮影する。それを編集マンが編集するっていうのが一般的です。でも、僕たちはディレクター2人で全部やるというシステムです。

当初、編集するときには、「嬉野さん、ロール1のテープを編集して。俺はロール2をやるから」って分担していました。お互いに面白いと思う所を抽出して、粗く編集する。最終的にそれを僕が1本にまとめるという形だったんです。

そうしていると、「嬉野さんはここを面白いと思ったのか」とか、「なんでここを使ったのかな」ってことが出てきます。嬉野さんが編集したほうのテープのことはわからないから、気になって前後を見る。すると「そうか、ここから切り取ったか」みたいなことがわかります。自分はこういう編集はしないけど、確かに面白いな。ここは自分と同じ感覚だな。その繰り返しで、お互いに、相手がどのような視点で編集をしているかが見えてきます。

それでDVDの編集はひとりでやるようになりました。嬉野さんの感性を理解したからです。**自分ひとりの視点だけではなくて、別の視点が僕の中にできた**。何より僕は編集作業がいちばん好きだから、ひとりでやるとなったわけです。

「あなたは編集係」と言われたわけじゃなくて、自分が好きだからやっている。そこには長年の経験があるから、嬉野さんも「あなたがやりたいんだからやったほうがいい」と言ってくれたんだと思います。

自分にできることはすぐにはわかりません。だからまずは言われたことをやる。やがて人が「お前はこれができる」って言ってくれます。でも、人に教えてもらえるのはそこまでです。自分がどんな役割を担うのかは、自分で決めるんです。

**嬉野**　私はそもそも、30歳を過ぎた辺りで「こりゃあどうやら、俺にはテレビディレクターという仕事は向いていないな」という結論を得ながらも、「とはいえ、今更ほかに道はなし」と更に結論してこの世界にとどまった男です。そんな男が、番組内で目覚ましい活躍をするようなことにはなるはずもないのです。

いや、もっと突っ込んで言えば、私はテレビバラエティにもそれほど興味のない男です。バラエティ番組を熱心に見てきた経験もないから、そのセオリーにも明るくはない。

そんな男が「どうでしょう」というバラエティ番組の、たった2人しかいないディレクターのうちのひとりなのです。これがもしスポーツ番組だったら私は全く役に立たなかったでしょう。なぜなら、どれだけ長く関わり続けていようと間違いなくその世界には興味が湧かなかっただろうと確信するからです。

でも、**「どうでしょう」には興味が湧いた**のです。それは4人での旅が面白かったからです。個人旅行では経験したことのないほどの番組経費を使って乗り物に乗り続けるのです。たった半日で日本をこんなに長距離移動したことはないという驚きの中で、観光するでもなく移動し続けたのです。もったいないような、損したような、そんな尋常ではない高速長距離移動を、そのとき4人が一緒に体験したのです。

そのとき4人は立場も年齢もバラバラでした。そんな4人が同じようにワクワクしていたのを、それぞれがその場で確認しあったはずです。誰からも期待されていない番組でしたし、テレビ番組作りの経験も浅い4人でした。**頼りになるのは、その場にいる4人それぞれが、そのときまでに培ってきた生活者としての経験値だけ**だったと思うのです。

**そこにあった幸福は「番組作りというものは、こうするものだと言われている」といった権威が4人の中になかったこと**だと思います。だから私も生活者の判断で意見が言えたし、自分が子どもの頃にテレビで見て好きだったコントやコメディー映画の絵撮りを、私の中の笑いに対する唯一の教養として自分のカメラワークに生かせたのです。そこには私の自発性を邪魔するものがなかったのです。そこには自由だけがあったのです。

そのことが何にも勝る幸福だったのだろうと思います。**間違いなく、そこに私の居場所がありました。**私がカメラを担当することになったのはほかにできそうなことがなかったからでしょうが、ロケをする前からカメラは多分できるなと思ったのです。何の不安もなかったのです。予想通り私はそのときの私が面白いと思う絵撮りで目の前に展開している可笑しみを切り取っていったのです。

それは当然、一般的なテレビバラエティの撮り方とは一線を画するものだったはずです。私はその場にいる私がクスリと笑えるポジションを見つけては撮影していました。初めてのテレビバラエティを私が撮影していました。初めてカメラを持った男が、です。

その撮り方はいまでも的確だったと思います。でも、どうしてできることはできてしまうのでしょう。撮影をしながら私は楽しくて仕方がなかったのです。私には次から次に、目の前の可笑しみのある状況をどう撮ればいいのかがわかってしまうのですから。この奇妙な自発性の中で、私は夢中だったと思います。

でも、そんなことよりも、**「どうでしょう」という番組の中で私が果たしたいちばん大きな役割は、普通ならば作り手の側にいないような私のような人間が、いて**

**しまったという、そのこと**だったように思います。それは、テレビバラエティの現場にいるはずのなかった男からの影響を受けていたのが、「どうでしょう」なんだなという気付きです。

このように、私がやってきたことは、例えて言えば、定食屋の献立表にないものばかりということになるでしょうか。名前がないので、容易に伝えられないのです。だから何をしているのか、私はいまだに言えることを持たないままなのです。

# 「どうでしょう」の藤やんとうれしー

## 「どうでしょうのうれしー」の客観的な視点

**藤村**　嬉野さんに「これやってくださいよ」って言うと「いやーできませんねぇ」ってあっさり言われることがあります。「いやいや、やってくださいよ」って何回も言って、ようやく「それならまぁやってみますけどね」ってなる。**嬉野さんは、自分の中で整理ができていないことには、堂々と「できません」って言う**んですよ。

カメラにしても、タレント2人に「全然俺たちを撮らねえな」って散々文句言われても、嬉野さんは気にしませんね。撮れないものは撮れない。ここだけ見たら「できない人」なんですけど、彼の場合は、タレントを撮らないで景色を撮るということに、だんだん意味を見出したんですよね。そのほうが面白くなるって確信を持ち始めた。

嬉野さんは周りに流されずに自分の考えを整理します。その上で考えていることを言ってくれるので、こちらの考えを整理することもできるわけです。「これってこういうことじゃないですかねぇ」って嬉野さんに言われると、「ああ、そういうことか」って、ボンヤリしていたことが少しずつはっきりしてくる。嬉野さんが、ただ「できない」って言うだけの人だったら、真っ先にチームにはいらないって判断していたでしょうね。

嬉野さんは僕との関係の中だけじゃなく、「どうでしょう」のチームの中でも、会社の中でも、「それをやる意味ってそもそも何でしょうか?」「そのスケジュールでは無理です」みたいなことをパッと言います。自分ひとりだけ外から見ているような感じ。それは大事なことで、**常に客観的に見ている人がいるっていうことには大きな意味がある**んです。

そういう人は相談を受けやすい。若い人でも嬉野さんには「この会社のこういう所が不満なんです」とか「おかしくないですか?」って言える。話してるほうは、別に嬉野さんに答えを求めているわけじゃないけど、良いことを言うんですよね。

「こういう考え方もある」とか、違う視点から意見を言ってくれる。これが「俺は頑張ってるぞ!」って人に相談しても、「俺はこうしてきた。君もこうしなさい」って言われるのがわかりきってるわけです。だから誰も相談しません。

嬉野さんは「自分は何もやっていないですよ」ってよく言います。そんな態度を取れる人は少ないと思います。相談を受けていて、「じゃあなたは何やっているんですか?」と言われたときに、**「俺は何もしていない」なんて、みんな言えないんです。格好悪いから。**


**嬉野**　私はテレビディレクターに向いていない性質なのです。だから埒外(らちがい)に身を置かせてもらいたいのです。戦力外みたいな立ち位置に。そうして言いたいことだけを言わせてほしいのです。打ち合わせで外部の人と向き合って座るようなときも、私だけは列から離れた席に座りたい。

恐らくそこが、**いちばん自分の力を発揮できるポジション**だと思うからです。そこに座ることで話し合い全体から感じられる〝違和感〟みたいなものを見つけて修正していくことは得意だと思います。

仕事でもプライベートでもそうですが、自分の意見を主張するというよりは、むしろ相談されたいのだと思います。初めのうちは自分の中に強い主張がないから、相談されるくらいのほうがいい。**人から相談を受けて考えるうちに、だんだん考えもしなかったものがはっきり見えてくる**ことがあるのです。「あっ、そういうときにはこういう判断をしたほうが良いんじゃない？」とわかる。自分が何かを決めるということよりも、そうした所で力を発揮できたらいいなと思います。

## 「どうでしょうの藤やん」の回していく力

**藤村**　嬉野さんの「どうでしょう」を外から見ているっていう役割と比べて考えてみると、僕には「どうでしょう」を〝回していく〟っていう役割があるんだと思います。

ロケの最中は常に、〝じゃあどうするか〟を考えています。このあとのロケがどう転がっていくかを考える。それはロケだけじゃなくて、いろんなことを停滞させずに回していこうと考えます。

「どうでしょう」では毎年「キャラバン」をやっています。全国各地を回ってお客さんと一緒に楽しもうっていう集まりです。現在、新作は数年に一度の放送ですが、

「どうでしょう」自体は常に回っていることを示したい。

番組グッズを作ってそこで販売しているんだけど、僕はそれとは関係なく、自分でグッズを企画して売っています。番組グッズだけでは、いろんなことが停滞してしまうような気がするからです。お客さんだけでなく、番組グッズを作っている担当者も「こういうグッズを作っておけばいい」みたいに考えて、疑問は持たない。そこに起爆剤というか、おかしなものを勝手に作って売り始めると、イベント自体が回っていくと思うんです。

**まず、「どうでしょう」っていうものがある。**北海道の番組だけど、この番組には全国にお客さんがいるから、僕らが出向いていって直接グッズを売る。せっかくなら地元の飲食店にも出店してもらおう。「どうでしょう」を好きなアーティストが参加したいって言ってくれたから、演奏もしてもらおう。番組グッズとは違うものも考えて売ってみよう。そうやって「キャラバン」というイベントを面白い方向へと回していく。

ただ、やっぱりそれも、やりたいからやってるわけです。「番組グッズを作っているのは売り上げのために会社から言われてやっているんでしょう?」って言われるんだけど、作りたいから作っているだけです。作ったからには買ってもらいたい。

「じゃあどうやったら買ってもらえるのか?」を考えているだけです。

僕も嬉野さんも商売人です。自分たちが売りたいと思うものを売っているだけです。誰かに売れと言われているわけじゃない。その上で、じゃあ自分たちでどうするか、**どんなことをしていけば売れるだろうかという順番で展開していく。それは結局、どこかに面白さを見つけようとすることと、イコールの思考**なんだと思います。

**嬉野**　何かの企画がスタートするとき、藤村さんが自分でやりたい、行きたい、といって始まるパターンもあるけど、**誰かが「絶対行きたくない!」と言い出すと、藤村さんが行きたくなってしまう**という場合もあります。

5分前まで「ジェットコースターなんか絶対乗りたくない」と藤村さんが言っていた。けれど横で大泉君も「絶対乗りたくない」と言っているのを発見した瞬間、藤村さんは自分が乗りたくないということを忘れて、「こいつを乗せたらどうなるんだろう?」と変わる。彼の中で興味が湧くわけです。

その瞬間、私は面白くってしょうがないし、外から見ても面白い状態になっているはずです。さっきまで「嫌だ!」と言っていた人が、一緒にワーッと言いながらジェットコースターで下りてくる。それは楽しいですよね。

彼のそういう**人間に対する興味の持ち方、人柄を見て判断する面白いものの引き出し方が、そのままバラエティ番組の真髄、本質**であるように思えます。

# 「一生どうでしょうします」

**藤村**　僕の中では、「どうでしょう」という番組がヒットした、成功した、よくやったな！　というような感覚はあまりありません。ただ自信を持って言えるのは、自分たちで判断して作ってきたということです。もし「どうでしょう」が世の中に受け入れられていなかったとしたら、番組自体は終わっていたでしょうけど、また自分たちの判断で次のことをやっていたんだろうと思います。

**どれだけの視聴率や収益があったかということよりも、自分たちの判断を貫いていけることのほうが達成感は大きい**。会社から言われたことをそのままやっていたら、会社からは評価してもらえるだろうけど、自分の中の達成感はあまりないように思います。

「どうでしょう」をいったんやめようと思ったとき、ほかのことをやりたいという気持ちがありました。でも、じゃあ何をやりたいのかというと別に明確なものはありませんでした。野球ばかりやっていると違うスポーツもやってみたいとか、文化系もやってみたいっていうことがあるでしょう。それと同じような感じで、ほかに何かできるんじゃないかと思っただけです。そのあと、お芝居を作って、ドラマも作って、役者もやっていますけど（※21）。

でも、そこにいるのは、やっぱり「どうでしょうの藤やん」です。**番組を変えて、関わる人が変わっても、僕は「どうでしょうの藤やん」と同じ役割で働いているん**です。

世の中には「過去の栄光に縋り付かずに新しいことをやれ」っていう風潮があるけど、それでもやっぱり「どうでしょう」だなと思う。いまでもいろんなことをやっているけど、「一生どうでしょうします」（※22）の言葉通り、レギュラー放送が終わっても新作は作り続けているし、これからも続けていきます。

嬉野さんは「どうでしょうは絶対やめちゃいけないことなんです」って言いました。彼は必死だったと思います。やっと見つけた居場所だし、自分が作り上げてきたものだという自負があるからです。大泉君だって、出演者としてただ言われるままに番組をやっていたら、いまだに続けてはいないと思います。あれだけの俳優になって、もうやる必要ないじゃないですか。でも彼は喜んでやる。単にヒットしたから、出世作だからじゃなくて、「俺もきっちりと役割を担ってきたんだ」という思いがあるからでしょう。それはミスターも同じです。

みんな「どうでしょう」というものをひとつの仕事として考えているのではなく、そこに自分自身がいると感じているんだと思います。**「どうでしょう」は僕たち自身でもある**んです。

※21 藤村は、2014年から札幌に拠点を置く「劇団イナダ組」の役者としても活躍。15年には大阪の演劇集団「笑撃武踊団」と共に、「藤村源五郎一座」を旗揚げしている。

※22 レギュラー放送終了の際、4人のメンバーが一生続けられるペースで「どうでしょう」をやっていくと宣言された。「東北2泊3日生き地獄ツアー(1999年放送)」で大泉が発した名言が元になっている。

**嬉野** 私にとって**「どうでしょう」は、30代も後半になって、人生で初めて見つけた居場所**でした。だから失うわけにはいきません。ほかの3人よりもそこは強く、必死なのだと思います。

もちろん「どうでしょう」だけではなく、北海道テレビではドラマのプロデューサーをやったりもしますが、そのときは北海道テレビの福屋渉さんがメインでプロデューサーをやるときだけです。しんどい担務のほとんどは彼がやるのですが、彼は私にいてほしいと言うのです。「僕は嬉野さんがいないともうやれないことがわかりました」と彼は明言するのです。

おかしな話ですが、私は、「そこにいてくれ」と言われるのです。**私の役割は、どうやらその場に存在すること**のようなのです。そこで私がラジウムのように放射しているなにかを浴びて相手は息を吹き返すのでしょうか。それとも私は、何かに反応して無意識に動き出すときがあるのでしょうか。私は何をしているのか、いつまで経っても誰に告げることもできないのです。どこまで行っても、私がしていることは可視化不可能なのです。

「どうでしょう」のディレクターとしても、ドラマのプロデューサーとしても、私は何をしているのかわからない。ただ存在している。それなら結局、**私は、昔から何をしていても、ずっと同じ場所にいる**のだろうなと思えてくるのです。

# 自分の人生を見せる仕事

## 仕事と私生活の区別がなくなった

**藤村**　20代で結婚して、その頃は仕事よりも、次の休みにどこに遊びにいくとか、そっちのほうがずっと大事でした。30代になって、「どうでしょう」が始まってからもずっと、「土日は休みにしたい」とか「家庭のほうが大事だ」と言っていました。番組の中でも。

その年代では、自分の力を最大限に発揮できる居場所が家庭なわけです。妻を大事にして、子どもを一生懸命育てる。それがいまは、家庭にいるよりも仕事をしているほうが、自分の役割を果たしているなと思うところがあります。子どもが大きくなったということもあるし、年を重ねると家庭よりも社会の中で担う役割の比重のほうが大きくなっていくということです。

「どうでしょう」のレギュラー放送が終わった30代後半の頃から、仕事と私生活の区別がつかなくなってきたんです。ここまでが仕事で、ここからが私生活なのだという感覚がなくなる。**「ワークライフバランス」とか「オンとオフを切り替える」って言うけど、あれは30代前半まで**なんだろうなと思います。**自分で考えて自分で判断していく仕事は、最終的に、人生と重なる**んです。

そんな感覚になったとき、今後の「どうでしょう」が目指すべきは自分たちの人生を見せていくことだと思いました。「どうでしょう」っていう番組は、2人のタレントと2人のディレクターによる番組ではなくて、大泉洋、鈴井貴之、藤村忠寿、嬉野雅道という**4人の人生を見せていくもの**なんだと思ったんです。

30代で仕事の中の自分の担うべき役割を自覚して、40代以降でそれがはっきりする。「仕事に責任を持つ」みたいな言い方をする必要はなくて、**自分は仕事の中で生かされているという実感**を持てるんです。

**嬉野**　私は長い間、仕事を通して「あなたはそこにいてもいいです」と言ってくれる人を探していたのかもしれません。**人間の居場所は、どうしたって人のそば**なのです。それなら「いてもいい」と言ってくれる人と出会うしかないのです。

でも、どうやったら出会えるのかはわかりません。出会いの可能性は、出会えるまで生き続けていくという時間の中にしかないように思えるからです。

生きていくということは、私は、単純なことではないような気がします。仕事が上手くいって、家族をつくればそれで安泰というようなことだけではないように思うのです。

では、それ以外に何があればいいのか。考えてみても答えはわかりません。でも、**生きていくことは単純ではないけれども、同時に難しいことでもない**ように思うのです。それは「そこで生きていていいよ」という他人のひと言で、恐らく人間は生きていけるはずだと思うからです。裏付けられるようなことは何もないけれど、私はいま、ちゃんと人のそばで生きているという実感があるのです。

## 正直に仕事をする

**藤村**　ファンの人たちと話していると、「どうでしょうに助けられた」ということを言われることがあります。僕たちはそんな思いで番組を作っているわけじゃありません。でもみんな言ってくれる。**「どうでしょう」が彼らの救いとなる。それは正直に生きていくことがどれだけ難しい世の中なのか、ということの表れ**なんだと思います。

僕ら4人はもともと正直だったし、正直に付き合って、そのまま正直に番組を作ってきただけです。その正直さを画面の中に見たとき、正直なだけでは生きられない人に伝わるものがあるのかもしれません。

以前、娘からメールが来ました。娘は社会人になって4年目くらい。「あなたが楽しそうにやっていることが、どれだけ難しいことか、社会に出て初めてわかった」と書いてありました。

**「正直でいる」という価値観を、社会はもっと大事にするべき**だと思います。「効率化」とか「機械化」とか、そういうことよりも仕事には大事なことがある。僕は自分の人生を見せていくことが仕事だと思ったとき、格好悪いことはやらないと決めました。会社組織の中で横行している論理は、格好悪いことが多いんです。こういう考え方って、いつの間にか仕事の中から排除されるようになっています。

「格好悪いなんて言ったって、やらなきゃいけないんだから」って、「そんな理想論じゃやっていけない」って。本当にそれでいいんでしょうか。声高（こわだか）に叫ぶつもりはないけど、正直であることの大切さ、楽しさ、ときどき大変さも含めて、「どうでしょう」を作ることで発信し続けていきます。

**嬉野**　「どうでしょう」という番組が世間の人に認知されてから、われわれ作り手も世間の人に存在を知られるようになりました。

**多くの人に注目されると、番組もわれわれ関係者も、人目に晒（さら）される**ことになります。何か問題を起こしてしまえば社会からバッシングを受けるのです。でも、だからといってバッシングを受けることを恐れて、自分の言いたいことを言わないようにする必要もないように思います。そんなことよりむしろ、バッシングされても自分たちはやっぱり間違っていないと思うならば、「別にいいんじゃないですか」と公言するほうがいい。

それでまたさらにバッシングを受けて、怒られても怒られても、「すみませんね。でも本当に悪いことなんですかねぇ」と落ち込むこともなくヘラヘラ笑っている。そんなわれわれの姿が世間に晒されれば、それを見た人たちの中には、「あぁ、あれだけバッシングされても、とりあえずあの人たちは大丈夫そうだなぁ」と思う人もいるでしょう。「あぁ、だったら言いたいことは正直に言っても大丈夫なんだ」と思ってもらう。そうやって**自分というものを世間に晒していくというのもわれわれの役割**のように思えるのです。

もちろんわれわれもそこまで考えてやっているわけではないのだけれど、ただ単に自分たちの思うままにやっているだけなのだけれど、状況的に、そういう役割を持つようになっているのかもしれないという気づきなのです。

## いまがいちばん面白い

**藤村**　テレビというものにはどういう社会的な役割があって、ここに職業としてあるんだろうか。そこで自分はどう関わっていくのか。そんなことをずっと考えています。ひと言で表せば、**何のためにこの仕事をしているんだろうか**っていうことです。

その答えをはっきりと言うことはできないけど、確実に言えることは、20代の頃より30代のほうが面白くて、30代の頃より40代のほうが面白くて、40代よりも、いま、50代になってからのほうが面白いっていうことです。**「どうでしょう」をレギュラーでやっていた頃よりも、いまのほうが面白い**。どこを切り取っても、いまがいちばん面白いんです。

じゃあ60代はもっと面白いのかどうか。それは実際にそうなったときにしかわからないけれど、いままでがそうだったから、「もしかしたらそうなのかな」という期待もあるし、「いやあ、そんなうまいことといかないよ」という気もします。でもまあ、とりあえずはまだまだやっていこうと思います。

「将来の目標は?」と言われてもわかりません。いまが面白いから別に目標を持つ必要もない。また何かやれることを探していくのだと思います。面白いことも面白くないことも、自分が頑張ることも頑張らないことも、**続いていくだけのこと**なんだと思います。

**嬉野**　これから先、自分の人生がどうなっていくのかはわかりません。いままでだって将来がわかっていたわけではありません。去年まったく考えてもいなかった仕事を今年やっていたりします。テレビの仕事を始めたとき、将来、自分が本を書いたりするなんて思ってもいませんでした。

自分がどこへ向かっているのか、自分にはわかりません。でも人生というものがひとつの旅のようなものであるならば、目の前に迫ってくる波があったら、何とかその波を乗り越えていくしかない。横波が迫ってくれば転覆しないように舟の舳先を波に向けて、また懸命に乗り越えていくしかない。苦労があれば学びもあります。幸福もあります。懸命に乗り越える度に私たちは体験するのです。その**体験の中にだけ生きていることの豊かさがあるから、また波が来たら懸命に乗り越えようとする**のです。

歩く先に分かれ道があって、どちらに進んでいいかわからないのなら、恐らくどちらに進んでもいいのです。その先に何があるのかなんて行ってみないとわからないのだから。でも、何となくであっても、勘であっても、匂いであっても、気分であっても、**「こっちに進みたいな」と思っている自分がいるのなら、そのときは思うほうへ進めばいい**。そんなものなのだと思います。

私は50代の後半になって、**「この先、自分は将来どうなるのだろう」と考えることがありません**。毎年過去を振り返ると、去年は考えてもいなかったことを今年はやっていたりすることの連続だからです。そうなるのは毎年誰かと出会うからです。

知らなかった人に出会って、その人が、私が思いもしなかったことに誘ってくれるのです。「やってみませんか?」と。

私はその人の誘いに無批判に乗る。そして初めてのことだってやってみるのです。すると意外に私にもやれて面白かったりするのです。まったく知らなかった人が、私にできることを教えてくれるのです。不思議です。その不思議な道を「人生」と言うのだと思います。その道を、あなたも私も歩いているのです。私は今年、還暦なのですが、若い昔が良かったなんて、思うことがないのです。

# あとがきにかえて

先日、久々に会った友人が晴れやかな顔でこんなことを言うのです。

「この頃あたし、これまでいろいろあった自分の可能性がなくなっていく度に自由を感じるのよ」

「え？　可能性がなくなったら閉じていくみたいで寂しそうじゃない」

「違うのよ。ほら、若い頃からとにかくいろんなものになれるって思って生きてきたじゃない。あんな人になりたい、こんなことができるようになりたい、こんな職業がいい。そして実際みんなできるって思ってたのよ」

「そう言われると確かに人間ってたくさんの可能性を持ってるね」

「でも、その可能性ってどれも、あたしが本当になりたいと思って進みたがってる可能性じゃなくてさ……わかるかな？」

「もうちょっと言ってくれれば」

「うーん。なんて言うのかな、私は本当に望んでいたのよ。でも厳密に言えばよ、私が本当に望んでることだって、私の身近な友達とか世間のみんなが良いって言ってるからあたしもって感じで、周りに影響されて望むようになった可能性だったりするのよ」

「あ！　それわかる」

「わかる？」

「オレも結局あれだもんね。オレなんかもうできないことだらけだけど、どこまで行ったって所詮オレはオレだし、もうオレの道を行くしかないなって思い切ってさ、どこにいても自分のままを隠さず晒して生き始めてからだもんね、人生楽しくなったの」

「それよ！」

「なるほどそうか。確かにそれってそれまでオレが持ってた、いろんな可能性を切り捨てて、最後に、所詮オレって道だけが残ったってことだよね」

「それそれ。それが自分の本性に従って生き始めたってことなのよ」

「なるほど」

「もし犬猫に育てられた魚がいたらね、その魚は周りのムードに影響されて、自分だって陸に上がって走れるようになるんだ！って、その可能性を試したいって、本気で望むはずよね。試すのは良いけど、それって考えるだけでもう苦しいじゃない。でも、そんな可能性に縛られないで素直に水の中に戻ったとき、魚は自分でも驚くほどスイスイ泳ぎ出すのよ。魚はそのときメッチャ自由を感じるのよ。自分は犬猫じゃなかったんだって、自分の本性は魚だったんだって。だったら人間もそれぞれが持ってる本性に従って生き始めるのがいちばん気持ち良いのよ。自由ってそれなのよ。気持ち良い！なのよ。それがわかった気がするのよ」

右に書いた会話を要約してしまえば、「我が道を行く」という言葉で終わってしまうのだろうと思うのです。でも、「我が道を行け」と勧められても、どうしたらいいかはわからない。だから人生は、とにかくいろいろやってみて、なのでしょうね。それでなければ、「もう我が道でいいや」とは納得できないはずなのです。

容易なことでは納得できないから、右の会話のように長年かけて銘々でたどり着くことになるのだと思うのです。とはいえ、鮭が産卵のために生まれた川へボロボロになっても帰ろうとするのも、ただただ帰りたいんだろうなって思うとね、あんなにボロボロになって、それでも自分の本性に従う鮭は自由を感じているんだろうなとも思うのです。だから自分の本性に従って生きることの気持ち良さは、他人が羨（うらや）むものじゃなくて、その人にしかわからないことなのだとも思います。

でも、人生のどこかで自分の本性に従って生き始めることは、生きる上で大事なことのひとつだと思います。だって、そこからしか自分の人生の楽しさは始まらないと思うからです。それは銘々の道だから、私なんかは50年以上もかかったわけで。人によってかかる時間もまちまちだから、とりあえずはそんな道があることだけを胸に刻んで懸命に生きていくしかないと思うのです。それに、そこにたどり着いたってまだまだ必死で生きていかなきゃならないわけですから。

でも、一度水を得て自由に泳げることの気持ち良さを覚えてしまえば、そこから先はもう、どこまでだって自由に泳ごうとするはずです。だってそこにしか「気持ち良い」はないということを知ることになるわけですからね。

私は甘えた環境で成長したと思いますから、厳しい環境では成果は出せないと思っています。でも、そういう自分の弱さを、私は否定する気もないです。むしろ仕事で成果を出すために、私の周りの人的環境を整備すべきなら、まず、私を許容してくれる人たちと繋がっていかねばならないと考えます。大事なことは成果を出すことだと思うから、それも自分ができることで成果を出すことだと思うから、そのために甘えた環境をつくらねばならないんだったら、そりゃもう必死になって頭を使って根性出して人を揃えてつくると思う。そしたら自分の本性に従った仕事ができるから。

極端な話をすれば、「お母さんが隣にいなければ仕事ができません！」みたいな甘ったれた奴がいたとしても、それでもいいと思うのです。それでそいつが本当にとびきりの成果を出してくれるなら、どこにいても、お母さんの隣で仕事したって、周囲は許容してくれるようになると思います。むしろ許容したがる人が勝手に集まってくると思います。

自分の本性に従って生きはじめると、自分が成果を出すために、やらねばならないことがどんどん具体的に思い付けるようになる。だから、自由を感じるんじゃないのかなと、私は思うのです。

北海道テレビ放送コンテンツ事業局
クリエイティブフェロー
「水曜どうでしょう」ディレクター

嬉野雅道

# 再び「仕事」について考える

## 最初は楽しめた在宅勤務

**藤村**　コロナ禍になったことで会社に来ないで、という状況になりました。ちょっと熱があったら会社に出てくるな、というか、熱がなくてもなるべく会社に来るな、という空気になりました。そこで、しめしめと思う人もいて。われわれは完全にそうなのですが、大手を振って行かなくていいという、この環境の変化はすごいですよね。

**嬉野**　少しのうしろめたさもない。

**藤村**　そう。すばらしかったです。今までも、あまり会社に行ってなかったわけですが、精神的にやっぱり違います。「みんな行ってないんだから、これからあまり行かなくても正当化されるんだな」と、行かないことに対する遠慮がなくなりました。それから、オンラインの会議がだんだん行われるようになりました。映像を介しての会議も、これは便利だと思ったわけです。

**嬉野**　最初はね。

**藤村**　無駄口をたたかないですし、割と早めに終わりますし。今までの会社の会議だと、だいたい1時間以上かかりますが、ＺＯＯＭですと頑張ったって30分ぐらいで終わるんですよ。

**嬉野**　皆さん、発言しないと映らないですもんね。

**藤村**　そう。何も言わない人は顔を見てればちゃんと分かるし。すごくいいシステムだなと思いました。だけど、1年以上経って、あ、俺、完全に駄目になると思い直しました。

**嬉野**　オンラインで会議を行う際の違和感はみんな思ってるんじゃないですか。やりづらさを感じてるんじゃないでしょうか。

**藤村**　ひとりでいるっていうことが日常になったので、「水曜どうでしょう」で作った赤平の「どうでしょうハウス」にこもって野鳥をずっと撮っていました。3か月くらいいましたかね。その後も冬に何日か行ったりして。あれはすごく楽しかった。大手を振ってひとりでいられるっていうのが楽しかったんだけど、基本的に飲みに行くこともなくなったわけで。1年半ぐらい経って、危険を察知したんです。

**嬉野**　でも、コロナ禍になったことで、あなたは思いもよらず森にこもったわけでしょう。しかも、その前からYouTubeをやっていたので、ただ森にこもるだけじゃなくて、その様子を発信しましたよね。そういうことを、ひとりでし始めるという一つのきっかけをこの状況がもたらしたんじゃないかと思います。

藤村さんは、人に会っていろんな話をして、いろいろ刺激を受けるということがないと、病気になってしまうのではという気持ちがありながら、ひとりになりたいっていう心もある人だと思うんです。けど、そもそも人が集まる理由になってしまう人だから、日常的にあなたの周りには人がどんどん集まってきちゃう。だから今までは、ひとりになる時間が多分作れなかったんでしょう。それがコロナ禍になったことで、ひとりにならざるを得ない状況が訪れ、しかもYouTube 配信できるという手だてを持ち、配信しやすい「どうでしょうハウス」もある。全部見事に活用したっていうのは、以前には見えなかった何かが自分の中で見えてきたっていうことがあるんじゃないですか。

**藤村**　それはありますね。ひとりでいるっていうことがこんなに安心できるのかっていうことは、（コロナ禍になった）初めの年に感じました。感じましたけれども、時間が経つと、やっぱり人と話をしたくなる。この欲望がものすごく……欲望っていうのかなあ、このままだと駄目になっちゃうぞ俺は、と感じました。でもその頃、ひとりで「どうでしょうハウス」で楽しそうにやってるもんだから、会社の連中が何人か遊びに来るようになって。仕事仲間ではあるんだけど、ちょっと仕事とは違う角度で小さなコミュニティーができていきました。

会社ってなんだかんだ面倒くさいと思ってたけど、ここへ来て、こうやって何気ない話をしてっていうことがその時はまったくできない状況だったから、非常に精神が良くなりましたね。ZOOMでは何気ない話なんてできないから。

**嬉野**　その集まり方はやっぱりコロナ前とは違う集まり方ですよね。藤村さんが森に住んでいるらしいからって言って仕事仲間が集まるんですけど、彼らもコロナで離職したり仕事を失ったりして、いってみれば行き詰まってるわけです。だから他にやることもなくて、「藤村が森にいるらしいから、知ってる所だし、行こうかな」といって集まる。行ったところで、そこに仕事があるわけでもないんだけど、いつの間にか共同作業が始まって、かまどを作りはじめたり……。

**藤村**　そう、勝手にやり始めました（笑）。

**嬉野**　みんなコロナで仕事失くしてやることないから手持ち無沙汰になっちゃって、仕方なく人が集まってきて。でも、なんかやろうかという感じはあの状況下でしか手に入れられなかったと思うんです。そういう非常に重要なことを、藤村さんはコロナ禍にやってたんじゃないかと思うんです。

**藤村**　本当に自然発生的に人が集まってきて、ただ酒を飲んでくっちゃべって終わるかというと、そうではなくて。ちょっとこの道を整備するかとか、焚き火のかまどを作るかとか、掃除を勝手に始めたりとか、普通に労働がそこに生まれてきて、ああ、こういうことかと気づきました。ひとりじゃできないわけです。俺はひとりでもやってたんだけど、みんなもやっぱり、働きたい、労働がしたいという気持ちが、非常にはっきりとした形で現れてきました。

**嬉野**　かまどのところにコンクリの板みたいなのが敷かれて水平な場所ができていましたね。椅子でちゃんと座れるようになっていて。冬は寒いけど、焚き火をたくと暖かいからいられるし。そうすると全員そこを離れなくなりましたね。

**藤村**　仕事の成果ですよ。対価があるわけではなく、みんなで汗を流して、疲れた疲れたと言って、それで泊まっていく人もいればそのまま帰る人もいて。5〜6人くらいかな、ただ労働しにそこに来るわけです。そこで、だんだん労働という意味が分かってきた気がします。

今までは当然お金の対価を求めて仕事をしてきたのですが、そうじゃなくて、労働は意欲的にやるものなんだな、ということがよく分かってきました。一銭の徳にもならないですよ。だけどみんな働きに来るんです。達成感を欲しているのかもしれません。あれやってくれ、ってこっちが命令してやっているわけじゃなくて、みんな勝手に「ここらへん、ちょっと木を切ったほうがいいんじゃないですか」とか言って木を切ったり。

会社のパソコンの前に並んでいるだけでは取れないコミュニケーションが、すごく取れるようになりました。こいつこんなに働けるじゃんっていうのが見えてきたりしましたし。自分で仕事を見つけて労働をしていく姿を見て、仕事って自分で見つけて、自発的にやっていくもんなんだなと改めて思いました。

**嬉野**　それまでは、人が集まると、その中で自分の存在感を出したがるとか、なんか目立とうとするとか、ここは俺がやってちょっといい感じになりたいとかって、そういう欲が一般社会ではあったと思うんですけど、そういったものがまったくない。仕事でもなく森に集まってるだけですから、そこでは何をやっても褒められるような状況にはならないですし。

で、たまに行く私から見ても居心地のいい場所になってるんです。コミュニティーって、そもそも居心地がいい場所にしていくっていうことだったんだという気がしましたね。

**藤村** でも、たぶん私も嬉野さんもそれに似たようなことを日常の仕事の中でやってるんですよ。何か人にやれっていうんじゃなくて、自分ができることを勝手にやってるっていうところがすごく多いから。大泉さんにしたって鈴井さんにしたって、そうですよね。特に大泉さんは自分ができるところはなんだろうと、常に探している。ミスター（鈴井さん）は多分、今はきちんと見つけている。見つけてなかったから、あの人は「水曜どうでしょう」の中でどういう立ち位置だったのだろうかと。

**嬉野** ミスターにしか成し得ない立ち位置は初めからあったんですよ。みんな分かってる。僕ら3人も分かってるし、視聴者も分かっている。ただ鈴井さんだけがなんか納得してなかったっていう。

**藤村** 「俺が仕切らなきゃ。大泉よりもちゃんと前に出て、大泉にちゃんと振らないといけない。大泉が面白くないんだったら、俺はちゃんと振って大泉を面白くする」という役割だと思ってたんだけど、それがことごとく違う方向に追いやられていっている。だけどわれわれは、そういうことに気を遣うんじゃなくて、独立独歩で存在感だけを示してくれれば、それが一番面白いというのを分かってるんだけど、何もしないように見えるポジションって、あの人自身がやっぱり受け入れがたかったんですよね。

でも、きっとそうやって仕事であり労働っていうのは、自分の居場所を見つけるまでが大変だけど、見つけてしまえば自発的にやって物事が進むことがよく分かりました。

## 労働は「自画自賛」

**藤村**　新入社員の頃から思ってたのですが、仕事って、やらなくていいことがあまりにも多すぎます。毎日が忙しいっていう人が良くいますけど、忙しさの原因をつくっているのは非常にどうでもいいことに時間を使ってるっていうことじゃないかなと思うんです。われわれはそれをある程度はっきりと、「いや、これはやらなくていい」「会議に出る必要はない」などと示してきました。そうすると割と自覚できるんです。みんな、「言われたことはやらなきゃいけない」って思ってるけど、その大前提がおかしいんですよ。「言われてないのにやる」っていうことが、労働にとって一番の神髄であるはずなのに、刷り込まれてる。

**嬉野**　自分から始めれば、やらされている感がないですし、作りたくなる欲求もあるし、作りはじめるともっと手を入れたくなるし、みたいなことがありますからね。

**藤村**　われわれの場合、全員が自発的にそこを仕事場にしていった、っていうところがあります。自分たちで新たな仕事を作って、そこを整理するとか、勝手にやってたんですけど。結局、自分たちがやっていたことって、労働って「自画自賛」なんです。「人に喜んでもらうための仕事をしたい」などよく聞きますが、違うんですよ。結局、達成感があるものは自画自賛なんですよ。俺はそうです。だから、やった者同士だけの自画自賛が一番いい労働の成果を生んでいると思います。

**嬉野**　そうです。人のためには、やれないし続かない。

**藤村**　続かないですね。他人を喜ばせるためにって、他人の腹の中は分からないからやりようがない。自分が楽しむために仕事をやってきたので、それが売れなかったり、人の評価がなかったとか言われたら、落ち込むのではなく、「やっぱり人って見る目がねえな」「この良さがわからないなんて、世の中遅れてるな」って思います。

**嬉野**　やっぱりそうですよね。

**藤村**　でもそこまでのことって、やってみるとあまりないんですけどね。「水曜どうでしょう」は、まさに自画自賛でずっとやってきてますから。

**嬉野**　「癒やされる」とか言うけど、癒やすために作ってるわけじゃないですから。反対に、癒やすため、喜ばせるために何かを作りたいとかっていうのも、われわれは、ちょっとピンときませんね。

**藤村**　こないですね。「仕事」ですよ。「勇気をもらっている人がいるんで、ぜひそういうものを作ってください」と言われたって、全然ピンときませんね。でも、そういうことってよく言われますよね。「見た人が、『楽しかった』とか『とても笑った』とか言ってくれることが、僕の仕事の励みです」とかって言う人。あれは半分うそだと思います。

**嬉野**　でも、それに対して違和感を持っていることを表明するのは、われわれぐらいのものですよね。

**藤村**　違うでしょうと。自分もやっぱり笑ったよね、面白かったよね、というのが一番の労働のあり方だと思うんです

**嬉野**　コロナ禍に私は定年になりまして。まあ、藤村さんと同じくもともと会社にはあまり行っていなかったのですが、余計にそうなりましたよね。誰も来いという人がいないし、じゃあ行って何するのって、確かにそうですねって。なんか一番俺に向いてるなとか思ったりもしました。家にこんなにいた期間もありませんでしたが、全然不都合じゃなかったですね。女房と一緒に飯作ったり、テレ東の「孤独のグルメ」を夫婦で見たり。堂々と何もしなくていいっていう、ほんといい時間でした。

**藤村**　私はそういう生活できないんです。だから札幌にいるんじゃなくて、山にひとりでこもったりして、意外と家にいなかったですね。

それに慣れていない人たちって、お互い疑心暗鬼になるわけじゃないですか。あいつは家にいて、結局ずっと寝てるんじゃないかとか。会社に珍しく行った時に話を聞いたら、朝は、「これから勤務始めます」っていう連絡を必ず入れなきゃいけないらしいんですよ。終わる際にも「勤務終わりました」という連絡をパソコンで入力しなければいけない。「今、休憩に入ります」みたいなのもだそうで。そんなばかげた話ないですよね。そんなのは、会社じゃないです。なんかもっと効率のいいやり方があると思います。

**嬉野**　会社側としては出勤させたいということなんですかね。オンラインでは続けたくない。だって、出欠以外で査定とかできないし、みたいな。

**藤村**　でも、こういうことが日常茶飯事にものすごく多いんです。それにみんな悩んでるだけで。だから、それをなくせば、1日じっくりと考えることができるのに。なんでそんなことをやらせるのっていうことが多いんです、仕事って。

やっぱりコロコロ変わるんだなって思いましたね。ということは、職場環境も自分の意思で決められないってことですよね。自分はテレワークに向いているかもしれない、会社に行くよりも打ち込めるかもしれないと思う人もいるわけなのに。うちの部署はデザインをする人とかも多いから、テレワークが向く人だったらやればいいんだけど、会社は出てこいっていう雰囲気をつくっているようで。

自分の意志でコントロールできれば、ものすごく仕事ってやりやすくなると思いますけど、そうはいかないみたいですね。自分の判断で仕事を決めることって、言うと上司に怒られるんじゃないか、みんなからお前だけ勝手にって言われるんじゃないかっていうことがあるから、やっぱり流れちゃう。

**嬉野**　でも、いきなりリモートの新入社員って人もいますからね。

**藤村**　うちの会社でも聞きます。まずマスクをしてるから顔も覚えられないし、先輩の顔もよく分からない。こんな厳しい状況で、それはたいへんだよなと思いますけど、サラリーマン生活はこれから20年30年続くわけだから、それは言い訳にすぎない。長い目で見たら、そんなのは一時期の話で、あとは仕事ができるかどうか、仕事をやりたいかどうかだと思うんです。そこにかかってくるから、あまり君たちのことをそんなにかわいそうと思えないっていう。だってその後だもん、大事なのは。

それを引け目にずっと感じて、われわれコロナ入社世代ですからみたいに言われてもうっとうしいですし。それをずっと言い訳にして仕事もやってたから覚えられないみたいなことを言われるのもきついじゃない。それは嫌だなと思いますね。

## 仕事に「仲間」は見つからない

**嬉野**　仕事仲間を見つけようと思って見つけるっていうのは、不可能なんじゃないですか。藤村さんも仕事仲間を見つけようと思って俺と組んだわけじゃないしね。どっちかっていうと俺と組みたくなかったって言ってましたからね。たまたま同じ制作部にいて、たまたま上司の意向で一緒にさせられた。でも、それで27年一緒にやってるわけですから、なかなか自分の意志で仲間にたどり着くのは無理なんじゃないですかね。

**藤村**　仕事の仲間を見つけたいと言う人っていますが、何を求めているのかなと思いますね。それは一緒にしゃべってて退屈しない人を見つけたいとか、「仲間」という言葉に仕事とは何か違う目的が入っているような気がします。話ができる人とか俺のことを分かってくれる人とか、同じ考えを持っている人とか、それをきっと「仲間」と定義してるんじゃないのかなと。同じ労働を同じ考えの人とやってたら確かに楽しいですよ。ここ、花を植えたらいいよね。そうだね。で、それはいいかもしれない。結局考え方は同じなので、ここにやっぱり花を植えちゃうわけです。

そうじゃなくて、花はいらないんじゃないかとか、これはやっぱり石かなんかバンと置いて立てた方がいいんじゃないかとかいろんな意見が出てくることによって、労働の幅が出てきて、勝手にその人がやってくれるっていう。だから僕が目指しているのは誰かが勝手にやってくれて、勝手に仕事を進めてくれるかたち。で、俺は俺でやるっていう、それが集まったときに一つの労働としての対価が大きくなると思うんです。

**嬉野** なるほどね。あなたとしては勝手に気づいてやってくれる仲間が良いんだね。たしかにその方が仕事に幅が出るよね。でも、結局、俺にしても自分がやれることを勝手にやるしかないってところありますからね。あれをやってくれ、これをやってくれって言われてもできないことはできないしね。

そもそもの話をすると、俺なんてのはね、肩書はディレクターだけど、いろいろ思いついて「あんなことがやりたい、こんなことがやりたい」っていう熱がないタイプだからディレクターなんて職業、そもそも向いてないわけですよ。だけど、なんとなくそれで30過ぎまで来ちゃったから困ったなと思ってね。でも、そういう俺は変えようがないから、だったら、「こういうことをやりたい」っていう熱がすごくあって経験ないって人が見つかったら一番いいなと思ってたの。俺、経験はあったからね。

で、そういうときに、本当にたまたま北海道でこの人と一緒に組むことになったっていうことで、俺も仕事のやりようが見つかったよね。逆に言えば、この人が勝手にやってくれるからね。たしかに勝手にやってもらえるのが一番ありがたい。仕事の幅が広がりますし。俺の考えとしてはね、俺が生きていくため(自分が仕事をするときにと言うべきかな)に俺っていうパーツだけで無理なら、足りない部分はよそから持ってくるしかないと思うタイプなんですよ。自分の筋肉を鍛えて今からマッチョにして自分で100パーセントの人間にならなきゃとか、目指すとか、そういう気はさらさらないです。そういうプランで生きてるから。

みなさんもね、ひとりでやらなきゃいけないと思わなきゃいいと思うんです。やれなくて当たり前だと思う。だって、自分がやれないこと、やれるやつはいるんですから。そいつを探してくるだけでも十分だと思うわけです。そしたら、やるってときには私本人にはなんの負担もないし仕事も上手く進むわけです。それを、やれないのに、やれないまま、でも、やんなきゃいけないとだけ思い込んで、自分でしょってやろうとするから心は疲れるし、結局できないし、結果も出せない。だから、できないなぁと思ったらやれそうなやつを探してくるというのが、一番賢いですよね。

**藤村**　仲間っていう言葉が、どうもしっくりこないのは、そこなんですよ。「仲間だから、こいつに迷惑をかけちゃいけない。だから俺が全部やるよ」「いやいや、俺が全部やるから」って、そういうのが仲間だと思っていると思うんです。じゃなくて、私と嬉野さんの場合は私がやりたくないところはこの人に任せる。この人がやりたくないところは横目で見ながら、面白いなと思って俺がやるっていう。おめえはおめえのことをちゃんとやってくれと、俺は俺のところをやるから。で、俺ができない部分があるから、おめえがここにいるんだぞっていうことが腹の中にはあるんです。だから仲間とはちょっと違う。われわれは、お前のためにはなんでもやるからとか、一切言わないです。

**嬉野**　２００３年にＤＶＤを発売すると決まって、藤村さんは「編集は全部自分がやる」と言い出したので、僕の仕事はなくなったわけです。でも、「嬉野さん、やることないならあれすればいいよ」など、私の仕事を用意してはないわけです。だって、勝手になんかしてほしいと思う人ですからね。

だから私は、毎日会社に行ってもすることがないわけですから失業状態ですよ。その頃、ちょうど番組のホームページがありましてね、することないから、それを開いて、毎日掲示板に寄せられてくる番組ファンの人たちのコメントを読んでるくらいでね。なんかみっともないわけです。でも、そのうちに掲示板にきたコメントに返事なんか書き出して。で、それやってたらだんだんおもしろくなってね。どんどんホームページの制作に特化していったんですね。とにかく掲示板に書かれるコメントの中身がみなさんバラバラだから、ひとつのテーマに向かわせた方が掲示板も読みやすくなるなと思いまして。

それで、われわれ二人が毎日日記を書いて、われわれの日記をまず先に読ませて、それに対しての感想とかを掲示板に書いてもらえば、ホームページ全体がひとつの読み物としてまとまるというプランが浮かんで、ひとりでガチャガチャやってたんです。だからそれは、誰に頼まれたわけでもない自分でたどり着いてしまった仕事ですよね。

結局、それは２０００年当時の「どうでしょう」の大きな集客につながりました。「藤村君が、今ＤＶＤの編集作業をしています」と告知や宣伝を日記に書けば良いものを、私は発売日も書かずに個人的な趣味の徒然なる文章を書いてるわけです。それを編集の合間にこの藤村さんが見て、「なんだ嬉野さん。ＤＶＤの宣伝コメントを日記に書いてるのかと思ったら、ゆでたまごの話なんか書いてる」と知り、「あんた！　何、呑気なこと書いてるんだよ！」と、俺に面と向かって文句を言えばいいのに、日記に「ゆでしのさん」とか揶揄して書いてる。そしたらその「ゆでしのさん」で掲示板が盛り上がって。

翌日、知らずにそれを見て俺もびっくりするんですが、ＨＰを訪れる人たちはそのわれわれ二人のやりとりを見て盛りあがってるんです。でも、僕たちは客を沸かせるつもりで書いたわけではなく、お互いの人間性を日記に剝き出して勝手にいざこざやってたんですけど、それを見ていた客にとっては面白かったようです。だから、なんかめいめい勝手にどっかに取りついて、そこが面白くなってきたら、二人してさらに耕すようなもんですよ。それで意外と、無理なく仕事になっているところがあります。

**藤村**　ひとりでは決してできないということを、われわれは平気で言えるところがあるんです。これひとりではできないよな。これはあの人にやってもらおうかな。そういう目線で人を見てるから。外から見ると仲間を集めているように見えるんだけど、違うんですよね。ひとりではできないと分かっているから、面倒くさいことはこの人にやってもらおう、俺が不得意なところはあいつにやってもらおうという目線で常に人を見ているだけです。そうすると自然と向こうも来てみたら、彼にとって別に不都合だったり苦手だったりということではなくて、うまいことだと思うからやれるというだけなんです。

**嬉野**　その人がやれることを発注するわけですから。その人も困らないわけです。

**藤村**　そうですそうです。でもリモートのときはそれはできなかった。そういうふうに人をZOOMの画面の中では見られない、分かりませんよね。初めての人と会っても、何も分からないから、自分ができないことをできる人っていうものを探し出せなくなっちゃった。それもあって、なんかもっと人手が欲しいな、ときっと人を求めたんだと思う、この2年ぐらい。だから前の仕事のやり方にじょじょに戻していきましたよね。

**嬉野**　コロナ前に放送された『チャンネルはそのまま!』（注：2019年にHTBで放送されたテレビドラマ。総監督を『踊る大捜査線』の本広克行、監督に藤村、プロデューサーに嬉野が携わった）でも、連ドラなんて規模でドラマを作るなんて、われわれだけでできるわけない。HTBでドラマをいくら撮ったって、年に一本ですからたかが知れているわけです。そういう読みはしっかりありました。本広さんは「水曜どうでしょう」のファンでしたので、知り合ったときから、何かあったらドラマや映画で優秀なスタッフをたくさん持ってる本広さんに丸投げする感じでやってもらおう、そうすればいつも通りのスタンスでやれるという考えですよね。常にわれわれが負担に思わない状況を作るために、完璧にやってくれる人たちを外から連れてくるっていうやり方です。そうしたら本広さんはスタッフから何から全部一流の人たちを連れてきました。そうじゃないと、ああいうクオリティーではできなかったですよ。

**藤村**　これが意外とみんなできないんですよ。自分が任されちゃうから、「自分でやらなきゃいけない」と思いこんでしまう。本広さんって、絵の作り方かっこいいわけですよ。だから、平気でその人を呼んでくる。

**嬉野** 「本広さん、オープニング作って」って。われわれお互いファンだから。

**藤村** 今はよく知っていますけど。「お前がドラマ撮るんだからな」と言われたら、「俺が全部やらないと」ってみんな思っちゃうし、そうじゃないと示しがつかないと思ってる。だからこの時点で、その人って仕事本体よりも自分のことしか考えていない。結局、そういう人は作品をよくするために自分が頑張るだけで、ほかの人の力を必要とするっていうことは、やっちゃいけないことって多分定義されてるんでしょうね。

われわれは平気で仕事を振りますからね。「どうでしょう」の企画にしたって、アフリカに行くといったら、「このおっさん面白そう、あんたに全部任せるよ」って平気でやりますから。すぐ自分というもの、自我を捨てるというか、そっちの方が作品としてはきっと俺が考えるより面白くなるだろうって思うから。で、やらせておいて、最終的に全部俺がもらっていくという、そういうところがある。

でも、最初に自我を捨てるということは、多分みんなやらないんですよね。結局、自分が評価されたいからでしょう、個人として。この仕事は私がやったと評価されたい。それがすなわち仕事だとみんな思ってるわけでしょう。でも仕事ってそうじゃないと思うんですよね。みんな、自分の評価が上がるということが仕事だと思ってるけど。

**嬉野**　ちゃんとできる人って、いますからね。

**藤村**　ここはあなたがやってください。これやってください、そうすると良くなりますから。で、あなたは何するんですか。私は監督します、ぐらいのもんですよ。ほら、良くなったでしょう。誰のおかげ？　俺のおかげです（笑）。そういう論理が、自分の中でありますよね。最初は自分を捨てて、最後は持っていくという。

## 「水曜どうでしょう」の新作が撮りたくなって

**藤村**　この2年を経て、番組っていう仕事をちっちゃくてもいいからやりたくなりましたよね。それもあったから、わりと僕の方から「ミスターさん、やるよね」っていう話をずっとしてました。で、やってみて、やっぱり、予想もしなかったことが起きましたね。そのときに、「あ、面白いな」とあらためて思ったんですよね。「これいいんじゃないか」と。「こういう感じでいいんじゃないか」みたいな。だから、それって実際に動いてみないと、頭の中だけで思っててもできないことなんで、やっぱり人と一緒になってカメラを回し始めたところから、自分が想像しなかったことが起きてきますから。

**嬉野**　「これでいいよな」と思えたっていう。

**藤村**　普通の人だったら失敗だと思うかもしれませんが。今は、映画とかも作りたいなと思ってます。打ち合わせもいよいよ始まりまして。目的は、とにかく海外の賞を取る、それ以外の目的はないです。「いいですね、取れますね、これ」ってみんなで言ってますね。そういう感じで、2年ぐらい、それに向かって走っていきたいなと思っています。

多分、コロナ禍でひとりを謳歌して、でも、謳歌したからこそ今度はやっぱり人とコミュニケーションを取る、何人か人が集まるっていうことに飢えてきて、その飢えがだんだん今癒やされてきたときに、なんかやりたい気持ちが、すごくこの2年で上がったっていう気がしますね。人と会って何かを一緒にするということが、全ての中で一番いいと思うことがよくわかりました。そのことが、今回のコロナ禍でよかったと思えることですね。

**嬉野**　僕はコロナであろうがなかろうが、とくに、新しくなんかやりたいなんて思いつくようなことはありませんよ。だって、そういうことがそもそもないんだから。人生、なるようになっていくんでしょうから。そこに、対応していきたいってだけですね。

（2023年1月　東京・駒沢にて）

仕事論（しごとろん）

朝日文庫

2023年4月30日　第1刷発行

著　　者　藤村忠寿（ふじむらただひさ）　嬉野雅道（うれしのまさみち）

発 行 者　宇都宮健太朗
発 行 所　朝日新聞出版
〒104-8011　東京都中央区築地5-3-2
電話　03-5541-8832（編集）
03-5540-7793（販売）

印刷製本　大日本印刷株式会社


Published in Japan by Asahi Shimbun Publications Inc.
定価はカバーに表示してあります

ISBN978-4-02-262073-6

谷川 俊太郎
## 人生相談 谷川俊太郎対談集
父・谷川徹三、外山滋比古、鮎川信夫、鶴見俊輔、野上弥生子、そして息子・谷川賢作と胸の内を語り合った比類なき対話。《解説・内田也哉子》

松浦 弥太郎
## 松浦弥太郎の仕事術
文筆家、書店経営と縦横無尽に活躍する著者が説く、仕事と生活の哲学。毎日、真摯に働くための秘訣を紹介。《解説・佐々木俊尚》

松浦 弥太郎
## 即答力
「即答する姿勢」が仕事と人生を成功に導く。チャレンジと冒険を続ける著者が説く、チャンスを逃さないための考え方と働き方。

松浦 弥太郎
## 考え方のコツ
仕事で重要なのは「なぜ、なに、なんだろう」と考えること。さまざまな分野で活躍する著者が説く、ゆたかに生きるための思考術。《解説・木内 昇》

水野 学
## アウトプットのスイッチ
「くまモン」生みの親が「売れる」秘訣を公開。ヒットの決め手は最終表現(アウトプット)の質にある。今すぐ役立つクリエイティブ思考と仕事術。

水野 学
## アイデアの接着剤
ヒットとは、意外なもの同士を〝くっつける〟ことから生まれる！「くまモン」アートディレクターの仕事術を完全公開。《解説・長嶋 有》